1

INTRODUZIONE: LA STORIA DELLA CUCINA ITALIANA

Origini e influenze antiche: gli Etruschi

Gli Etruschi furono una civiltà antica che fiorì nella regione dell'attuale Toscana, Lazio e Umbria, tra il IX e il I secolo a.C. Sebbene molte delle loro tradizioni e costumi siano stati assimilati dalla successiva cultura romana, hanno lasciato un'impronta indelebile nella storia culinaria italiana.

Dieta e Alimentazione

- Cereali: Il farro era uno degli alimenti di base degli Etruschi. Questo antico grano era utilizzato per fare pane e pappa (una sorta di porridge). La spelta, un altro grano antico, era anch'essa un alimento fondamentale.

- Legumi e Verdure: Fave, lenticchie e piselli erano componenti essenziali della dieta etrusca. Consumavano anche una varietà di verdure, tra cui cipolle, aglio, cavoli e rape.

- Carne e Pesce: La carne era generalmente riservata per occasioni speciali e rituali religiosi. Mangiavano maiale, pecora e capra. Inoltre, essendo vicini al mare, consumavano anche una varietà di pesce e frutti di mare.

- Frutta e Noci: Fichi, mele, uva e noci erano una parte essenziale della dieta. L'uva, in particolare, veniva fermentata per produrre vino, una bevanda popolare tra gli Etruschi.

Tecniche di Cottura e Utensili

- Forni e Griglie: Gli Etruschi cucinavano spesso i loro alimenti in forni di argilla o su griglie. La carne, in particolare, era spesso arrostita su spiedi.

- Ceramica: Gli Etruschi erano noti per la loro ceramica di alta qualità, utilizzata per conservare, preparare e servire il cibo. I vasi con disegni intricati erano spesso utilizzati per conservare olio d'oliva e vino.

Influenza sulla Cucina Romana

- Mentre Roma cresceva in potenza e influenza, molte delle tradizioni culinarie etrusche furono adottate e adattate dalla cultura romana. Ad esempio, la pratica di abbinare vino con i pasti, così come l'uso di determinati ingredienti e tecniche di cottura.

- La cultura del banchetto, dove le persone si riunivano per condividere cibo e bevande, ha radici sia nella tradizione etrusca che in quella romana.

La civiltà etrusca, con le sue tradizioni e i suoi sapori, rappresenta una parte fondamentale del mosaico culturale e culinario dell'Italia. Sebbene gran parte della loro storia sia stata oscurata dall'ascesa di Roma, il loro contributo alla cucina italiana non può essere sottovalutato.

Origini e influenze antiche: Roma

L'influenza dell'antica Roma sulla cucina italiana è vasta e duratura. Durante il suo picco, l'Impero Romano si estese da parte dell'attuale Gran Bretagna fino al Medio Oriente, e questa vastità geografica ha portato a una ricca diversità di ingredienti e tecniche culinarie.

L'influenza di Roma sulla cucina italiana antica

Dieta Staple

- **Grano**: La "alimenta" di Roma, il grano era la colonna portante della dieta romana. Veniva consumato principalmente sotto forma di pane e come "puls", una sorta di porridge o polenta.

- **Olio d'oliva e vino**: Questi erano componenti essenziali della dieta romana e sono ancora pilastri della cucina italiana oggi. Mentre l'olio d'oliva era usato sia per cucinare che per condire, il vino era bevuto spesso diluito con acqua.

Ingredienti e Piatti Importanti

- **Garum**: Una salsa di pesce fermentato molto salata, era un condimento fondamentale in molte ricette romane.

- **Frutta e Verdure**: Mele, fichi, uva, cavoli, carote e asparagi erano comuni nella dieta romana. Gli ortaggi venivano spesso cucinati in stufati o serviti come contorni.

- **Carne e Pesce**: Sebbene non fosse la principale fonte di proteine per la maggior parte dei Romani (a causa del costo), veniva consumata in occasioni speciali. Pollo, maiale e agnello erano le carni più comuni. Il pesce, specialmente nelle zone costiere, era anche una parte importante della dieta.

Tecniche di Cottura e Presentazione

- **Cottura Lenta**: I Romani erano fan delle stufe e delle cotture lente, spesso cucinando piatti come stufati e zuppe per ore.

- **Presentazione**: I Romani davano molta importanza alla presentazione dei cibi. Durante i banchetti, i piatti erano elaboratamente preparati e serviti in modo da impressionare gli ospiti.

L'importanza dei Banchetti

- I banchetti erano eventi sociali di grande importanza, spesso utilizzati per ostentare ricchezza e status. Includevano una vasta gamma di piatti, da antipasti a dolci.

- Durante questi banchetti, venivano serviti piatti esotici e lussuosi, come fenicotteri, ostriche e carni prelibate, spesso accompagnati da vini rari.

L'espansione e l'Integrazione Culinaria

- Con l'espansione dell'Impero Romano, nuovi ingredienti e tecniche culinarie furono introdotti da regioni diverse. Questo ha portato a un arricchimento della cucina romana con spezie dal Medio Oriente, vini dalla Spagna e cereali dal Nord Africa.

- Alcune delle tradizioni culinarie romane furono influenzate da civiltà precedenti come gli Etruschi, mentre altre furono adottate dalle culture che l'Impero conquistò. L 'antica Roma ha gettato le basi per molti aspetti della cucina italiana moderna. La sua enfasi su ingredienti freschi e di qualità, l'importanza della presentazione, e la sua capacità di integrare nuovi ingredienti e tecniche da terre lontane sono tutte tradizioni che hanno resistito alla prova del tempo e che si riflettono ancora oggi nella gastronomia italiana.

Medioevo e Rinascimento: L'influenza araba

Contesto Storico Nel IX e X secolo, gli Arabi (spesso identificati come i Saraceni) conquistarono parti dell'Italia meridionale e la Sicilia. Durante la loro dominazione, che durò per più di due secoli in Sicilia, portarono con sé non solo la loro lingua e la loro architettura, ma anche una ricchezza di conoscenze culinarie e nuovi ingredienti.

Ingredienti introdotti dagli Arabi

- **Zucchero**: Prima dell'arrivo degli Arabi, il dolcificante principale in Italia era il miele. Gli Arabi introdussero la tecnica di raffinazione dello zucchero dalla canna da zucchero.

- **Riso**: Anche se il riso era noto in Europa, furono gli Arabi a introdurre metodi di coltivazione e preparazione più sofisticati in Italia, che poi diedero vita a piatti come il risotto.

- **Agrumi**: Arance amare, limoni e cedri furono introdotti e coltivati, in particolare in Sicilia.

- **Spezie**: Anche se alcune spezie erano già note agli italiani, gli Arabi ampliarono notevolmente la varietà disponibile, portando spezie come lo zafferano, la cannella e la noce moscata.

Tecniche e Piatti

- **Dolci e pasticceria**: Con l'introduzione dello zucchero, la pasticceria siciliana divenne più sofisticata. I "cassata" e i "cannoli", entrambi popolari dolci siciliani, hanno radici in questa era.

- **Couscous**: Anche se è più associato al Nord Africa, il couscous ha trovato una casa in Sicilia grazie agli Arabi.

- **Sorbetti e granite**: L'idea di rinfrescarsi con bevande e dessert ghiacciati era popolare tra gli Arabi. Questo concetto portò alla nascita di sorbetti e granite in Sicilia.

Impatto Culturale e Culinario

- L'influenza araba non si limitò solo agli ingredienti o ai piatti singoli. Portò un nuovo approccio alla coltivazione, alla conservazione e alla preparazione del cibo.

- Gli Arabi introdussero metodi avanzati di irrigazione, migliorando la produttività agricola.

- L'uso di spezie per conservare il cibo e l'importanza di combinare dolce, salato, e acidulo in un singolo piatto sono concetti che possono essere ricondotti all'influenza araba.

L'eredità dell'influenza araba sulla cucina italiana è ancora visibile oggi, in particolare nella gastronomia siciliana. Molti dei piatti e delle tecniche introdotte o perfezionate durante la dominazione araba sono diventati fondamentali nella tradizione culinaria italiana e continuano a essere celebrati e goduti fino ai giorni nostri.

Medioevo e Rinascimento: Manoscritti e Libri di Cucina

Il Contesto Storico Durante il Medioevo, i manoscritti erano l'unico modo di registrare e trasmettere le informazioni. Questi testi, scritti a mano su pergamena o carta, erano spesso prodotti nei monasteri. Tuttavia, con l'invenzione della stampa a caratteri mobili da parte di Gutenberg nel XV secolo, la produzione e la distribuzione dei libri divenne più accessibile e meno costosa, portando a una maggiore diffusione dei libri di cucina.

Manoscritti Medievali

- "Liber de Coquina": Uno dei più antichi testi culinari medievali conosciuti, originario dell'Italia del XIII secolo. Offre un'ampia gamma di ricette, dalle torte di carne ai dolci.

- Manoscritti monastici: Molti monasteri producevano manoscritti che contenevano ricette, spesso con un focus su piatti adatti ai periodi di digiuno.

Libri di Cucina del Rinascimento

- "De honesta voluptate et valetudine" (Sull'onesto piacere e sulla salute): Scritto da Bartolomeo Platina nel XV secolo, è spesso considerato il primo "vero" libro di cucina stampato. Oltre alle ricette, offre consigli su come mantenere una dieta equilibrata.

- "Opera" di Bartolomeo Scappi: Quest'opera del XVI secolo è uno dei libri di cucina più completi dell'epoca, con oltre 1000 ricette e illustrazioni di utensili da cucina.

Caratteristiche e Temi

- Ingredienti e Tecniche: Molti di questi manoscritti e libri di cucina documentavano l'uso di ingredienti esotici e nuove tecniche culinarie, riflettendo l'apertura dell'Europa al commercio globale.

- Dietetica: La relazione tra cibo, salute e benessere era un tema comune. Molti libri offrivano consigli non solo su come preparare il cibo, ma anche su come mantenere una dieta equilibrata.

- Estetica: La presentazione del cibo divenne sempre più importante durante il Rinascimento. I libri spesso includevano dettagli su come decorare e presentare i piatti in modo elaborato.

I manoscritti e i libri di cucina del Medioevo e del Rinascimento hanno svolto un ruolo cruciale nell'evoluzione della gastronomia europea. Hanno conservato e diffuso conoscenze culinarie, riflettendo al contempo i cambiamenti culturali, economici e scientifici dell'epoca. Grazie a questi testi, possiamo avere una visione dettagliata delle tradizioni culinarie di quei tempi e della loro influenza sulla cucina moderna.

Medioevo e Rinascimento: L'introduzione di Nuovi Ingredienti

La Riscoperta degli Ingredienti Romani

Dopo la caduta dell'Impero Romano, molti degli ingredienti esotici che erano stati popolari a Roma divennero rari o scomparvero del tutto. Ma nel Medioevo, grazie alle rotte commerciali con il Medio Oriente, alcuni di questi ingredienti, come pepe, zafferano e altre spezie, tornarono in voga.

Il Ruolo delle Crociate

Le Crociate (XI-XIII secolo) giocarono un ruolo importante nell'introduzione di nuovi ingredienti in Europa. I crociati, tornando dalle loro campagne in Medio Oriente, portarono con sé prodotti come lo zucchero, il riso, il melograno e molte spezie.

Rotte Commerciali e La Serenissima

Venezia, durante il suo apogeo come potenza mercantile, divenne un importante hub per il commercio di spezie e altri ingredienti esotici. La città serviva come punto di passaggio tra l'Europa e il Medio Oriente. Attraverso Venezia, ingredienti come pepe, cannella, noce moscata e chiodi di garofano divennero più accessibili in tutta Italia.

Le Grandi Scoperte e il Nuovo Mondo

Il periodo del Rinascimento coincise con le grandi scoperte geografiche. Quando esploratori come Cristoforo Colombo tornarono dal Nuovo Mondo, portarono con sé una varietà di nuovi alimenti che avrebbero rivoluzionato la cucina europea:

- **Pomodori**: Originariamente visti con sospetto, divennero presto un ingrediente fondamentale della cucina italiana.

- **Peperoni e peperoncini**: Introdotti in Europa nel XVI secolo, hanno influenzato molti piatti italiani.

- **Patate**: Sebbene la loro popolarità in Italia sia cresciuta più lentamente, divennero alla fine un ingrediente essenziale in molte regioni.

- **Fagioli e mais**: Entrambi adottati e integrati nella dieta italiana.

Impatto sulla Cucina Italiana

L'introduzione di questi nuovi ingredienti ha portato a una diversificazione dei piatti e delle tecniche culinarie. Per esempio:

- I pomodori divennero la base per salse e stufati.

- Il mais venne utilizzato per fare la polenta, che divenne un alimento base in molte regioni del nord Italia.

- Spezie come il pepe e la cannella furono integrate in molti dolci tradizionali.

Il Medioevo e il Rinascimento furono periodi di grande trasformazione per la cucina italiana, in gran parte grazie all'introduzione di nuovi ingredienti. Questi ingredienti non solo arricchirono la tavolozza dei sapori disponibili per i cuochi italiani, ma influenzarono anche l'evoluzione della cultura e dell'identità culinaria dell'Italia.

Dal 18° secolo: Regionalismo in Cucina

Il 18° secolo, noto anche come il secolo dei Lumi, ha visto un aumento dell'interesse per la scienza, l'arte e la cultura. Tuttavia, l'Italia era ancora un mosaico di stati e territori indipendenti, ciascuno con la sua propria lingua, tradizioni e, naturalmente, cucina. Questo mosaico di stati ha contribuito all'identità culinaria distintamente regionale dell'Italia.

La Cucina delle Regioni

- **Nord**: In regioni come Piemonte, Lombardia e Veneto, i piatti erano spesso a base di burro, riso e carni. La polenta era un alimento base, e formaggi come il Gorgonzola e il Taleggio divennero popolari.

- **Centro**: Toscana, Umbria e Marche vantavano una cucina basata sull'uso dell'olio d'oliva, legumi e carni. La Toscana, in particolare, divenne famosa per la sua "cucina povera", con piatti come la ribollita e la pappa al pomodoro.

- **Sud**: Regioni come Campania, Calabria e Sicilia erano fortemente influenzate dalle culture mediterranee. Qui, il pomodoro, introdotto secoli prima, divenne una parte fondamentale della dieta, così come il pesce fresco, le olive e gli agrumi.

Libri di Cucina e L'Identità Regionale

Man mano che il secolo avanzava ci fu un aumento dell'interesse per la documentazione delle ricette tradizionali. Questo periodo vide la pubblicazione di numerosi libri di cucina che riflettevano le tradizioni regionali, contribuendo a cementare l'identità culinaria delle diverse regioni italiane.

L'Unificazione Italiana e la Cucina.

Con l'unificazione italiana nel 19° secolo, c'è stata una maggiore mobilità tra le regioni. Tuttavia, invece di omogeneizzare la cucina italiana, questo ha spesso portato a una celebrazione delle differenze regionali, con piatti e ingredienti specifici delle regioni che diventano simboli di orgoglio locale. Il 18° secolo ha gettato le basi per l'esplosione del regionalismo nella cucina italiana. Le tradizioni, i piatti e gli ingredienti di ogni regione sono diventati fondamentali per l'identità culturale e culinaria dell'Italia. Questo regionalismo è una delle ragioni per cui la cucina italiana è così varia e ricca, con ogni regione che offre qualcosa di unico al tavolo gastronomico.

Emigrazione Italiana e Diffusione Globale della Cucina

Onde di Emigrazione. Le massicce onde di emigrazione italiana iniziarono intorno alla fine del 19° secolo e continuarono per gran parte del 20° secolo. Gli italiani si stabilirono in molte parti del mondo, compresi Stati Uniti, Canada, Argentina, Brasile, Australia e molti altri paesi. Ogni comunità di emigrati portava con sé le tradizioni culinarie della sua regione di origine.

Influenza Culinaria

- **Stati Uniti**: Con l'arrivo degli italiani, specialmente nelle grandi città come New York, Boston e San Francisco, la pizza, la pasta e il gelato divennero rapidamente popolari. Piatto emblematico è la pizza stile New York, che, pur avendo radici napoletane, si è evoluta in una forma distintamente americana.

- **Argentina**: Qui, la cucina italiana si è fusa con la tradizione locale. Un esempio classico è la "milanesa", una cotoletta panata che riflette le radici italiane ma è diventata un pilastro della cucina argentina.

- **Australia**: Città come Melbourne e Sydney videro l'arrivo di un grande numero di italiani. La pasta, la pizza e il gelato divennero rapidamente parte integrante del panorama culinario australiano.

L'Evoluta "Cucina Italiana" all'Estero.

La cucina italiana all'estero ha spesso preso una vita propria, integrando ingredienti locali e adattandosi ai gusti locali. Questo ha portato alla nascita di piatti come la "chow mein" all'aglio in alcune comunità italoamericane o la pizza "Hawaiana", con prosciutto e ananas.

Conservazione delle Tradizioni.

Tuttavia, molte comunità italiane all'estero hanno anche fatto grandi sforzi per conservare le tradizioni culinarie autentiche. Le feste di paese, le celebrazioni religiose e le associazioni di emigrati spesso avevano (e hanno) al centro la cucina tradizionale, funzionando come un legame con la madrepatria.

Riconoscimento Globale

La popolarità della cucina italiana ha anche portato a una maggiore curiosità e apprezzamento per le autentiche tradizioni culinarie regionali italiane. Molti chef e ristoranti di origine italiana all'estero sono tornati alle radici, offrendo piatti tradizionali e promuovendo l'autentica cucina italiana. Mentre l'emigrazione italiana ha portato a una diaspora globale, la cucina è rimasta uno dei legami più forti con la madrepatria. La cucina italiana è diventata sinonomo di convivialità, famiglia e tradizione, e ha trovato una casa in quasi ogni angolo del mondo, adattandosi e evolvendosi, ma mantenendo sempre il cuore e l'anima della tradizione italiana.

Tendenze Moderne nella Cucina Italiana

1. Fusion Italiana

Con l'inevitabile globalizzazione, gli chef italiani hanno iniziato a sperimentare combinazioni di sapori e tecniche provenienti da altre culture, dando vita a una cucina "fusion" italo-globale. Ad esempio, potresti trovare pasta con ingredienti tipicamente asiatici come il wasabi o il teriyaki.

2. Slow Food

Nata in Italia come risposta alla cultura del fast food, la tendenza "Slow Food" pone l'accento su ingredienti locali, sostenibilità e tradizione. Il movimento promuove l'utilizzo di prodotti stagionali, la protezione delle tradizioni alimentari locali e la lotta contro la standardizzazione del cibo.

3. Cucina Vegetariana e Vegana

Anche l'Italia, come molte altre culture, ha visto una crescente popolarità delle diete vegetariane e vegane. Molti ristoranti ora offrono opzioni vegane per piatti classici, e nuove interpretazioni di antiche ricette basate su legumi e verdure stanno diventando mainstream.

4. Tecniche Avanzate e Moleculari

Influenzati dalla cucina molecolare spagnola e da altre avanguardie culinarie, alcuni chef italiani hanno adottato tecniche come sferificazione, gelificazione e cottura a bassa temperatura per reinventare piatti tradizionali.

5. Riscoperta delle Tradizioni Perdute

Mentre alcuni chef guardano al futuro, altri stanno scavando nel passato. C'è un crescente interesse nel recuperare e rivitalizzare ricette e tecniche quasi dimenticate da antichi manoscritti o dalle tradizioni delle nonne.

6. Enogastronomia

La combinazione di cibo e vino è sempre stata al centro della cultura italiana, ma ora c'è un rinnovato interesse per l'abbinamento preciso tra piatti e vini, con particolare attenzione ai vini naturali e biologici.

7. Esperienze Gastronomiche Immersive

Invece di semplici pasti, molti sono alla ricerca di un'esperienza culinaria completa. Ciò può includere cene in fattorie o vigneti, corsi di cucina interattivi o eventi tematici che raccontano una storia attraverso il cibo.

8. Sostenibilità e Zero Waste

Con una crescente consapevolezza delle questioni ambientali, molti ristoranti e chef italiani stanno adottando pratiche sostenibili, dal ridurre gli sprechi alimentari all'utilizzo di ingredienti biologici e alla promozione di una filosofia "dalla fattoria alla tavola".

Queste tendenze mostrano che, pur rimanendo fedele alle sue radici, la cucina italiana continua a evolversi, riflettendo i cambiamenti nella società e nelle preferenze globali. La bellezza della gastronomia italiana risiede nella sua capacità di bilanciare tradizione e innovazione in un mix armonioso e delizioso.

L'Influenza della Cucina Italiana nel Mondo

1. Pizze e Pasta Ovunque Probabilmente, non esiste un angolo del mondo dove non si possa trovare una pizza o un piatto di pasta. Anche se questi piatti sono stati adattati ai gusti locali (pensa alla pizza hawaiana o agli spaghetti alla bolognese americano), le loro radici italiane sono innegabili.

2. Gelaterie e Caffè Italiani Da Tokyo a New York, le gelaterie italiane offrono gusti autentici come stracciatella, nocciola e tiramisù. Parallelamente, il rito dell'espresso e del cappuccino si è diffuso globalmente, con caffè italiani come il famoso "Illy" o "Lavazza" che sono riconosciuti ovunque.

3. Vini e Liquori Italiani Il Chianti, il Prosecco, il Barolo sono solo alcuni dei vini italiani che godono di fama internazionale. A questi si aggiungono liquori come il Limoncello, l'Amaro o il Campari, essenziali in molti cocktail moderni.

4. Ingredienti Italiani nella Cucina Globale Prodotti come l'olio d'oliva extra vergine, il parmigiano reggiano, il prosciutto di Parma e l'aceto balsamico sono diventati ingredienti di base nelle cucine di tutto il mondo.

5. Tecniche Culinari Oltre ai piatti e ai prodotti, anche le tecniche italiane di preparazione e cottura si sono diffuse. Ad esempio, il metodo di preparazione del risotto è applicato a diverse varietà di cereali in cucine di tutto il mondo.

6. Eventi e Festival Gastronomici Numerosi festival del vino, del formaggio e della pasta in tutto il mondo celebrano l'influenza italiana, attraggendo chef e foodies da ogni dove.

7. Scuole di Cucina Italiana Da Parigi a Bangkok, molte scuole di cucina offrono corsi specifici sulla cucina italiana, dimostrando l'importanza e l'influenza di questa tradizione culinaria.

8. Fusione con Altre Cucine In molte città cosmopolite, è comune trovare ristoranti che offrono una fusione tra la cucina italiana e quella locale, creando nuovi e sorprendenti piatti.

9. Ristoranti Italiani Stellati Molti chef italiani, come Massimo Bottura, hanno ricevuto riconoscimenti internazionali e hanno aperto ristoranti in tutto il mondo, portando con sé la tradizione combinata con la loro innovativa interpretazione della cucina italiana.

In sintesi, l'influenza della cucina italiana è onnipresente. La sua combinazione di sapori, tecniche e tradizioni ha fatto sì che fosse amata e adottata da molte culture, dimostrando che il cibo, nella sua essenza, è veramente universale. E l'Italia, con la sua ricca tradizione gastronomica, ha avuto un ruolo centrale in questo dialogo culinario globale.

L'Evoluzione della Cucina Italiana verso il Gourmet

1. Radici nella Tradizione. La cucina italiana, con le sue profonde radici nelle tradizioni familiari e regionali, ha sempre avuto un'essenza "gourmet" in termini di ingredienti di qualità e preparazione attenta. Ogni regione, ogni città e persino ogni famiglia aveva la sua versione di un piatto, con segreti tramandati di generazione in generazione.

2. L'Alta Cucina e la Nobiltà Già nel Rinascimento, gli chef al servizio della nobiltà e dei ricchi mercanti iniziavano a creare piatti elaborati e sofisticati. Questi piatti, spesso riservati ai banchetti e alle occasioni speciali, possono essere visti come i precursori della moderna cucina gourmet.

3. L'Influenza Francese. Nel corso dei secoli, l'interazione tra la cucina italiana e quella francese, in particolare l'alta cucina francese, ha influenzato lo sviluppo del gourmet in Italia. Gli chef italiani iniziarono a incorporare tecniche e presentazioni eleganti apprese dalla cucina francese.

4. Emergenza dei Ristoranti Stellati Il XX secolo ha visto l'emergere di chef e ristoranti italiani che guadagnavano riconoscimenti internazionali, come le stelle Michelin. Questo ha spinto molti chef a spingersi oltre, sperimentando nuove tecniche e combinazioni di sapori pur rimanendo fedeli alle radici italiane.

5. La Nuova Onda della Cucina Italiana Negli ultimi decenni, chef come Massimo Bottura hanno rivoluzionato la percezione della cucina italiana, combinando la profonda conoscenza della tradizione con tecniche avant-garde e un approccio artistico alla presentazione. Il suo ristorante "Osteria Francescana" a Modena è un esempio emblematico di questa evoluzione.

6. La Riscoperta del Locale. Con la tendenza verso la sostenibilità e il movimento Slow Food, molti ristoranti gourmet si sono concentrati su ingredienti locali e stagionali. Questo "ritorno alle radici" ha permesso di esplorare in profondità la ricchezza delle diverse tradizioni regionali italiane, elevandole a un livello gourmet.

7. L'Educazione Gastronomica. Con una crescente apprezzamento per la gastronomia, molte scuole culinarie italiane hanno ampliato la loro offerta, formando chef non solo nelle tecniche tradizionali, ma anche nelle ultime tendenze gourmet. Questa formazione ha contribuito a portare la cucina italiana a nuove vette di eccellenza.

L'Importanza della Freschezza degli Ingredienti nella Cucina Italiana

1. Salvaguardia del Gusto Autentico Una delle qualità distintive della cucina italiana è il gusto puro e autentico che viene dalla combinazione armoniosa di ingredienti freschi. Utilizzare ingredienti freschi significa poter esaltare il sapore originale di ogni componente, piuttosto che cercare di mascherare il gusto di elementi meno freschi con spezie o condimenti eccessivi.

2. Valorizzazione delle Stagioni In Italia, c'è una profonda consapevolezza e rispetto per le stagioni. Ogni stagione porta con sé una varietà di ingredienti freschi che sono al loro picco di sapore e nutrienti. Questa sazionalità non solo garantisce la freschezza ma anche una bella varietà nel menù durante tutto l'anno.

3. Nutrizione Ottimale Gli ingredienti freschi tendono a mantenere una quantità maggiore di nutrienti rispetto a quelli che sono stati conservati o trattati per lungo tempo. Quindi, l'utilizzo di prodotti freschi non è solo una questione di gusto, ma anche di benessere e nutrizione.

4. Sostenibilità e Etica L'approccio alla freschezza degli ingredienti spesso coincide con pratiche più sostenibili e etiche. Favorire prodotti locali e stagionali significa ridurre l'impronta carbonica associata al trasporto di lunga distanza e supportare le comunità agricole locali.

5. Innovazione e Creatività L'uso di ingredienti freschi invita anche alla creatività. Gli chef sono incoraggiati a sperimentare e creare piatti nuovi e innovativi basati su ciò che è disponibile, portando a una cucina dinamica e in continua evoluzione.

6. Esperienza Sensoriale Completa Ingredienti freschi e di alta qualità offrono una esperienza sensoriale più completa. I colori sono più vividi, i sapori più intensi e le texture più invitanti, contribuendo a creare un piatto che è un vero piacere per tutti i sensi.

7. Onore alla Tradizione. La cucina italiana ha una storia lunga e ricca, e l'utilizzo di ingredienti freschi è una pratica che è stata tramandata di generazione in generazione. In questo modo, ogni piatto è una celebrazione delle radici profonde e della ricca eredità della cultura culinaria italiana. La freschezza degli ingredienti è una filosofia e un modo di vivere in Italia. È una pratica che onora la terra, celebra la stagionalità e porta alla creazione di piatti che sono tanto nutrienti quanto deliziosi. Nella cucina gourmet italiana, dove ogni dettaglio conta, la scelta degli ingredienti freschi è quasi sacrosanta, assicurando che ogni boccone sia un'esperienza sublime e ineguagliabile.

Sferificazione: Una Rassegna

Cos'è la Sferificazione? La sferificazione è una tecnica culinaria che trasforma un liquido in sfere che sembrano caviale o perle. Queste sfere possono rompersi in bocca, rilasciando il liquido al loro interno. La tecnica è stata popolarizzata da Ferran Adrià dell'El Bulli, un ristorante in Spagna noto per la sua cucina avant-garde.

Come Funziona? La sferificazione sfrutta una reazione chimica tra il calcio e determinati alginati. Esistono due metodi principali:

1. Sferificazione Base: Un liquido contenente alginato di sodio viene versato in un bagno di calcio, formando una sfera con un guscio esterno gelificato.

2. Sferificazione Inversa: Un liquido contenente calcio viene versato in un bagno contenente alginato di sodio, anch'esso creando sfere ma utilizzate per ingredienti di diversa natura.

Applicazioni nella Cucina Gourmet:

1. Caviale di Frutta e Verdura: Liquidi estratti da frutta o verdura, come melone o pomodoro, possono essere trasformati in sfere simili a perle o caviale, offrendo un'esperienza gustativa sorprendente.

2. Salse e Brodi: Invece di servire una salsa o un brodo nel modo tradizionale, gli chef possono utilizzare la sferificazione per creare perle che rilasciano esplosioni di sapore al momento del morso.

3. Dessert e Cocktails: Immagina una margarita o un mojito presentato sotto forma di sfere, o un dessert che rilascia un liquore o un sapore dolce quando lo si morde.

4. Sfere Più Grandi: Non solo piccole perle, ma anche sfere più grandi, simili a uova, possono essere create per contenere bevande o salse che il commensale può rompere e versare.

Vantaggi della Sferificazione:

1. Estetica Innovativa: La presentazione del piatto diventa straordinaria e moderna, offrendo un'esperienza visiva unica.

2. Sorpresa Sensoriale: La texture gelificata esterna e il liquido interno forniscono una combinazione di consistenze che sorprende e delizia.

3. Versatilità: La sferificazione può essere applicata a una vasta gamma di liquidi, permettendo infinite possibilità creative.

In conclusione, la sferificazione rappresenta una delle tecniche culinarie moderne più entusiasmanti e offre un nuovo mondo di possibilità per gli chef. Oltre all'estetica e alla sorpresa, consente anche di giocare con sapore e texture in modi prima impensabili. In un mondo gourmet sempre più orientato verso l'innovazione, la sferificazione trova certamente un posto di rilievo.

Cottura Sous-Vide: Una Guida

Cos'è la Cottura Sous-Vide? "Sous-vide" è una frase francese che significa "sotto vuoto". La cottura sous-vide implica cuocere cibi in sacchetti sigillati sottovuoto in un bagno d'acqua a temperatura controllata. Questo metodo garantisce una cottura uniforme, mantenendo l'umidità e gli aromi all'interno del sacchetto.

Come Funziona?

1. Preparazione: Gli ingredienti vengono messi in un sacchetto di plastica specifico per sous-vide. L'aria viene poi rimossa dal sacchetto, creando un ambiente sottovuoto.

2. Cottura: Il sacchetto sigillato viene immerso in un bagno d'acqua con una circolazione costante, mantenuto a una temperatura specifica. Questa temperatura è solitamente molto più bassa di quella utilizzata nella cottura tradizionale.

3. Finitura: Una volta cotto, il cibo può essere rapidamente rosolato o grigliato per aggiungere colore e sapore, se necessario.

Benefici della Cottura Sous-Vide:

1. Precisione: Grazie al controllo esatto della temperatura, il cibo viene cotto uniformemente e alla perfezione, eliminando il rischio di sovracottura.

2. Conservazione dei Sapori: Siccome il cibo è sigillato, tutti gli aromi e i succi rimangono all'interno del sacchetto, intensificando i sapori.

3. Texture Migliorata: Carne, pesce e verdure tendono a mantenere una texture migliore, risultando più teneri e succosi.

4. Efficienza: Una volta impostata la temperatura, la cottura sous-vide richiede poca supervisione, liberando lo chef o il cuoco per concentrarsi su altre cose.

Applicazioni nella Cucina Gourmet:

1. Carni: Sia per tagli pregiati che per quelli meno nobili, la cottura sous-vide permette di ottenere carni tenerissime, mantenendo il giusto grado di cottura.

2. Pesce: Delicato e facile da sovracuocere, il pesce beneficia enormemente dalla precisione della cottura sous-vide.

3. Verdure: Cucinare verdure sottovuoto mantiene e intensifica il loro sapore, offrendo una texture ineguagliabile.

4. Uova: Molte cucine gourmet sperimentano con la cottura di uova a bassa temperatura, ottenendo consistenze cremose e saporite.

Cottura a Vapore: Mantenere Colori e Sapore

Cos'è la Cottura a Vapore? La cottura a vapore implica cuocere il cibo utilizzando il vapore prodotto dall'acqua bollente. Il cibo viene solitamente posto in un cestello o in una pentola forata sopra una fonte di acqua bollente, permettendo al vapore di circolare e cuocere il cibo uniformemente.

Preservazione dei Colori:

1. Menor Ossidazione: A differenza di altri metodi di cottura, come la bollitura, dove il cibo viene immerso nell'acqua, la cottura a vapore evita l'ossidazione diretta, mantenendo i colori vividi degli ingredienti, specialmente delle verdure.

2. Ridotta Perdita di Pigmenti: I pigmenti responsabili dei colori brillanti nelle verdure, come la clorofilla nelle verdure verdi, sono meglio conservati con la cottura a vapore rispetto ad altre tecniche.

Mantenimento del Sapore:

1. Menor Diluizione: Poiché il cibo non è immerso nell'acqua, i sapori non vengono diluiti. Ciò significa che verdure, pesci e carni mantengono un sapore più ricco e concentrato.

2. Preservazione degli Oli Naturali: Molti alimenti hanno oli e grassi naturali che vengono mantenuti

durante la cottura a vapore, arricchendo ulteriormente il profilo di sapore.

Benefici Aggiuntivi della Cottura a Vapore:

1. Conservazione dei Nutrienti: Molti nutrienti, in particolare le vitamine solubili in acqua come la vitamina C e alcune vitamine del gruppo B, sono conservati meglio con la cottura a vapore rispetto a metodi come la bollitura.

2. Salute e Digestione: La cottura a vapore è spesso raccomandata per la preparazione di cibi leggeri e facilmente digeribili. È una tecnica ideale per chi cerca un approccio più salutare alla cucina.

3. Versatilità: Oltre a verdure e pesce, la cottura a vapore è perfetta per dumplings, buns, e alcuni dolci, specialmente in cucine asiatiche. La cottura a vapore non è solo una tecnica antica, ma continua a essere essenziale in una cucina dove l'integrità del sapore, il colore e la nutrizione degli ingredienti sono prioritari. Offre una maniera delicata e rispettosa di trattare gli ingredienti, garantendo risultati saporiti e visivamente accattivanti. Nell'era moderna, dove l'aspetto salutare e l'estetica del piatto giocano un ruolo centrale, la cottura a vapore è più rilevante che mai.

Emulsioni e Schiume: L'Arte della Leggerezza

Emulsioni: Una Sinfonia di Due Mondi. Le emulsioni sono una miscela di due liquidi immiscibili (solitamente olio e acqua) che vengono forzati a coesistere grazie all'azione di un emulsionante.

1. Esempi Comuni: La maionese e la vinaigrette sono due esempi classici di emulsioni. Nella maionese, il tuorlo d'uovo agisce come emulsionante, legando olio e acqua in una consistenza cremosa.

2. Benefici: Le emulsioni possono aggiungere corpo e cremosità ai piatti senza appesantirli, offrendo al contempo un rilascio bilanciato di sapori.

3. Tecniche Moderne: Gli chef di oggi sperimentano con emulsionanti come la lecitina per creare emulsioni innovative, combinando ingredienti inaspettati o creando texture uniche.

Schiume: Soffici Nuvole di Sapore. Le schiume sono preparate incorporando una grande quantità di gas in un liquido. Il risultato è una massa leggera e ariosa che porta il sapore del liquido originale, ma con una consistenza eterea.

1. Strumenti: I sifoni da cucina sono uno strumento comune utilizzato per creare schiume. Introducendo gas come il protossido d'azoto in un

liquido dentro il sifone, si ottiene una schiuma stabile al momento dell'erogazione.

2. Esempi Popolari: Schiume a base di frutta, brodi leggeri o salse sono popolari in molti ristoranti gourmet.

3. Vantaggi: Le schiume consentono di presentare sapori familiari in una forma nuova e sorprendente. Inoltre, aggiungono un'elemento visivo attraente ai piatti.

L'Importanza nella Cucina Gourmet:

1. Reinventare il Familiare: Le emulsioni e le schiume offrono ai cuochi l'opportunità di trasformare ingredienti e sapori familiari in qualcosa di completamente nuovo.

2. Gioco di Texture: L'aggiunta di cremosità o leggerezza attraverso emulsioni e schiume può bilanciare altri componenti in un piatto, offrendo un'esperienza culinaria multistrato.

3. Estetica e Presentazione: Dal punto di vista visivo, le schiume e le emulsioni aggiungono un tocco di eleganza e raffinatezza ai piatti, rendendo ogni portata un'opera d'arte.

4
Ricette: Antipasti

Crudità Gourmet con Emulsione al Limone e Schiuma di Avocado

Ingredienti:

Per le crudità:

- 1 carota violetta, pelata e tagliata a bastoncini
- 1 rapa, pelata e tagliata a bastoncini
- 1 cetriolo, tagliato a bastoncini (senza semi)
- 4 ravanelli rotondi, tagliati a fette sottili
- 1 peperone giallo, tagliato a bastoncini
- 1 mazzetto di asparagi freschi, tagliati diagonalmente

Per l'emulsione al limone:

- Succo di 1 limone
- 60 ml di olio extra vergine di oliva
- Sale e pepe nero q.b.
- 1 cucchiaino di senape di Digione

Per la schiuma di avocado:

- 1 avocado maturo, senza nocciolo e pelato
- Succo di 1 lime
- Sale q.b.
- 120 ml di acqua frizzante

- Lecitina di soia (opzionale, per stabilizzare la schiuma)

Preparazione:

1. **Emulsione al limone:** In una ciotola, mescola il succo di limone con la senape. Versa lentamente l'olio d'oliva mentre frusti costantemente fino a ottenere un'emulsione liscia. Assaggia e aggiusta con sale e pepe. Conserva in frigorifero.

2. **Schiuma di avocado:** In un frullatore, mescola l'avocado con il succo di lime, il sale e l'acqua frizzante fino a ottenere una crema liscia. Se hai a disposizione della lecitina di soia, puoi aggiungerla (circa 1 cucchiaino) per rendere la schiuma più stabile. Trasferisci il composto in un sifone da cucina e carica con una cartuccia di protossido d'azoto. Agita bene il sifone e conserva in frigorifero per almeno 30 minuti.

3. **Assemblaggio:** Disponi le crudità su un piatto da portata in modo artistico. Agita il sifone e spruzza la schiuma di avocado accanto alle verdure. Drizza le crudità con l'emulsione al limone e servi immediatamente.

Questa ricetta combina sapori freschi e tecniche moderne per creare un piatto di crudità gourmet che delizia sia la vista che il palato. La schiuma di avocado aggiunge una leggerezza eterea, mentre l'emulsione al limone fornisce profondità e vivacità. Perfetto come antipasto o piatto d'accompagnamento in un menu raffinato!

Tartare di Capriolo Gourmet con Gel di Ribes e Croccante di Pane Nero

Ingredienti:

Per la tartare:

- 250 g di filetto di capriolo freschissimo, tritato al coltello
- 1 cucchiaino di olio extra vergine di oliva
- Sale e pepe nero q.b.
- 1 cucchiaino di capperi finemente tritati
- 1 cucchiaino di scalogno tritato sottilmente
- 1 cucchiaino di prezzemolo fresco, tritato

Per il gel di ribes:

- 100 ml di succo di ribes
- 1 g di agar-agar

Per il croccante di pane nero:

- 2 fette sottili di pane nero integrale
- Olio extra vergine di oliva q.b.
- Sale q.b.

Preparazione:

1. **Tartare di Capriolo:** Assicurati che il filetto di capriolo sia pulito da ogni tendine o parte grassa. Trita finemente al coltello. In una ciotola,

combina il capriolo tritato con lo scalogno, i capperi, l'olio, il prezzemolo, il sale e il pepe. Mescola delicatamente e metti da parte in frigorifero per far insaporire.

2. **Gel di Ribes:** In un pentolino, porta a ebollizione il succo di ribes. Una volta bollente, riduci la fiamma e aggiungi l'agar-agar, mescolando continuamente per circa 2-3 minuti. Versa il liquido in uno stampo piatto e lascia raffreddare. Una volta raffreddato e rappreso, frulla il gel fino ad ottenere una consistenza liscia.

3. **Croccante di Pane Nero:** Preriscalda il forno a 180°C. Spennella leggermente le fette di pane nero con l'olio d'oliva e cospargi con un pizzico di sale. Poni le fette in una teglia da forno e cuoci fino a quando non diventano croccanti, circa 10-12 minuti. Una volta raffreddate, rompile in pezzi irregolari.

4. **Assemblaggio:** Disponi un anello da impiattare al centro del piatto e riempilo con la tartare di capriolo, pressando leggermente. Rimuovi l'anello. Accanto alla tartare, aggiungi alcuni punti di gel di ribes e completa con pezzi di croccante di pane nero.

La tartare di capriolo è un piatto ricco e terroso, e l'aggiunta del gel di ribes introduce un tocco di acidità che equilibra il sapore. Il croccante di pane nero, infine, offre la croccantezza necessaria a contrastare la morbidezza della tartare. Questo piatto rappresenta una combinazione sofisticata di sapori e texture che sarà sicuramente apprezzata in qualsiasi contesto gourmet.

Carpaccio di Salmone Gourmet con Gel di Limone e Cipolla Rossa Marinata

Ingredienti:

Per il carpaccio:

- 250 g di salmone freschissimo, senza pelle e lische
- Sale e pepe nero q.b.
- 1 cucchiaino di olio extra vergine di oliva
- Buccia grattugiata di 1 limone biologico

Per il gel di limone:

- 100 ml di succo di limone fresco
- 1 g di agar-agar

Per la cipolla rossa marinata:

- 1 cipolla rossa media, tagliata sottile
- 100 ml di aceto di vino bianco
- 50 ml di acqua
- 1 cucchiaio di zucchero
- 1 cucchiaino di sale

Guarnizione:

- Erba cipollina tritata
- Granella di pistacchi

Preparazione:

1. **Carpaccio di Salmone:** Con un coltello affilato, taglia il salmone a fettine sottili. Disponi le fettine su un piatto grande e condisci con sale, pepe, olio e buccia di limone grattugiata. Copri con pellicola trasparente e metti in frigorifero.

2. **Gel di Limone:** In un pentolino, porta a ebollizione il succo di limone. Riduci la fiamma e aggiungi l'agar-agar, mescolando costantemente per 2-3 minuti. Trasferisci il liquido in uno stampo piatto e lascia raffreddare. Una volta raffreddato e solidificato, frulla il gel fino ad ottenere una consistenza liscia e omogenea.

3. **Cipolla Rossa Marinata:** In un pentolino, porta a ebollizione l'aceto di vino bianco, l'acqua, lo zucchero e il sale. Versa il liquido caldo sulla cipolla rossa tagliata sottile e lascia marinare per almeno 30 minuti. Una volta marinate, scola le cipolle.

4. **Assemblaggio:** Rimuovi il salmone dal frigorifero e distribuisci alcune gocce di gel di limone sopra. Aggiungi la cipolla rossa marinata, poi guarnisci con l'erba cipollina tritata e la granella di pistacchi.

Questo carpaccio di salmone gourmet combina la delicatezza del salmone fresco con la vivacità del gel di limone e il sapore deciso della cipolla rossa marinata. La granella di pistacchi aggiunge una leggera croccantezza, completando il piatto con un tocco finale sofisticato. Perfetto come antipasto in un'occasione speciale o in un ristorante gourmet. Buon appetito!

Carpaccio di Tonno "Reinventato" con Salsa di Yuzu e Perle di Wasabi

Ingredienti:

Per il carpaccio:

- 250 g di tonno freschissimo di qualità sashimi, senza pelle
- Sale maldon (o altro sale grosso di alta qualità)
- Olio di sesamo tostato

Per la salsa di yuzu:

- 4 cucchiai di yuzu (succo giapponese di agrumi, reperibile nei negozi asiatici)
- 1 cucchiaio di salsa di soia
- 1 cucchiaino di olio di sesamo tostato
- 1 cucchiaino di miele

Per le perle di wasabi:

- 50 ml di acqua
- 1 cucchiaino di alginato di sodio
- 50 ml di succo di wasabi (o pasta di wasabi diluita in un po' d'acqua)

Guarnizione:

- Semi di sesamo nero
- Cipollotto fresco, tagliato sottile

- Alcune foglie di shiso (perilla) o basilico (se non riesci a trovare il shiso)

Preparazione:

1. **Carpaccio di Tonno:** Con un coltello molto affilato, taglia il tonno a fettine sottili. Disponile su un piatto e metti in frigorifero.

2. **Salsa di Yuzu:** In una ciotola, combina il succo di yuzu, la salsa di soia, l'olio di sesamo tostato e il miele. Mescola bene fino a ottenere una salsa omogenea.

3. **Perle di Wasabi:** In un mixer, frulla l'acqua con l'alginato di sodio fino a quando non si formano bolle. Versa il composto in una ciotola e lascia riposare per un'ora per far scomparire le bolle. In un altro contenitore, prepara un bagno di calcio con 500 ml d'acqua e 2,5 g di cloruro di calcio. Con l'aiuto di una siringa, preleva piccole quantità di succo di wasabi e lasciale cadere nell'acqua con cloruro di calcio. Lascia le perle formarsi per 2-3 minuti, poi raccoglile con un colino.

4. **Assemblaggio:** Rimuovi il carpaccio di tonno dal frigorifero. Distribuisci alcune gocce della salsa di yuzu sul tonno, quindi aggiungi le perle di wasabi. Completa il piatto con semi di sesamo nero, cipollotto e foglie di shiso o basilico. Versa

un filo d'olio di sesamo tostato e spolvera con sale maldon.

Questo carpaccio di tonno "reinventato" porta il tonno a un livello completamente nuovo. La freschezza del pesce viene esaltata dalla fragranza della salsa di yuzu e il pizzico di wasabi nelle perle dà al piatto quella piccantezza intrigante.

Antipasto di Mozzarella Sferificata con Pomodorini Confettura e Basilico Croccante

Ingredienti:

Per la mozzarella sferificata:

- 200 ml di liquido di mozzarella (acqua di mozzarella o latte di mozzarella fresca)
- 2 g di alginato di sodio
- 500 ml di acqua
- 5 g di cloruro di calcio

Per i pomodorini confettura:

- 150 g di pomodorini ciliegino
- 1 cucchiaio di zucchero
- 1 cucchiaio di aceto balsamico

Per il basilico croccante:

- Foglie di basilico fresco
- Olio d'oliva q.b.

Preparazione:

1. **Mozzarella Sferificata:** In un frullatore, combina il liquido di mozzarella con l'alginato di sodio. Frulla fino ad ottenere un composto omogeneo e senza bolle. Lascia riposare per 30 minuti. In una ciotola grande, dissolvi il cloruro di calcio nell'acqua per fare un bagno di calcio. Usando

una siringa o un cucchiaino dosatore, preleva piccole quantità del liquido di mozzarella e versalo lentamente nel bagno di calcio. Lascia le sfere sferificarsi per 1-2 minuti, poi trasferiscile con delicatezza in una ciotola d'acqua fredda per fermare il processo. Conserva in frigorifero fino al momento di servire.

2. **Pomodorini Confettura:** Taglia i pomodorini a metà e mettili in una padella con lo zucchero e l'aceto balsamico. Cuoci a fuoco lento per 10-15 minuti, finché non si sono leggermente caramellati e hanno una consistenza di confettura.

3. **Basilico Croccante:** Preriscalda il forno a 100°C. Disponi le foglie di basilico su una teglia rivestita di carta forno. Cospargi le foglie con un po' d'olio d'oliva. Cuoci in forno per 10-15 minuti, o fino a quando le foglie diventano croccanti ma non bruciate.

4. **Assemblaggio:** Su un piatto, disponi una o più sfere di mozzarella sferificata. Accanto, posiziona un cucchiaino di pomodorini confettura. Guarnisci con il basilico croccante e, se lo desideri, con un filo d'olio extra vergine di oliva e qualche grano di sale maldon.

L'antipasto di mozzarella sferificata combina texture e sapori tradizionali italiani in una presentazione moderna e sorprendente. L'esplosione della mozzarella sferificata in bocca, accostata alla dolcezza dei pomodorini caramellati e alla croccantezza del basilico, rende questo antipasto una vera delizia per il palato!

Carpaccio di Manzo con Sfere di Aceto Balsamico e Riccioli di Parmigiano

Ingredienti:

Per le sfere di aceto balsamico:

- 250 ml di aceto balsamico di Modena IGP
- 2 g di alginato di sodio
- 500 ml di acqua
- 5 g di cloruro di calcio

Per il carpaccio:

- 200 g di manzo di alta qualità, preferibilmente filetto
- Olio extra vergine d'oliva
- Sale maldon e pepe nero
- Riccioli di Parmigiano-Reggiano
- Rucola fresca

Preparazione:

1. **Sfere di Aceto Balsamico:** In un frullatore, combina l'aceto balsamico con l'alginato di sodio. Frulla fino a ottenere un liquido omogeneo senza bolle. Lascia riposare per 30 minuti. In una ciotola grande, prepara un bagno con l'acqua e il cloruro di calcio. Con una siringa o un cucchiaino dosatore, preleva piccole quantità del mix di aceto

balsamico e versalo lentamente nel bagno di calcio. Lascia le sfere sferificarsi per 1-2 minuti, poi trasferiscile con cura in una ciotola d'acqua fredda per fermare il processo. Conserva in frigorifero fino al momento di servire.

2. **Carpaccio di Manzo:** Con un coltello molto affilato, taglia il filetto di manzo a fettine sottilissime. Disponi le fette su un piatto, sovrapponendole leggermente.

3. **Assemblaggio:** Drizza un filo d'olio extra vergine d'oliva sul carpaccio e condisce con sale maldon e pepe nero macinato fresco. Dispensa alcune sfere di aceto balsamico sopra il carpaccio. Aggiungi riccioli di Parmigiano-Reggiano e qualche foglia di rucola fresca.

Questo antipasto combina l'eleganza del carpaccio tradizionale con l'innovazione delle sfere di aceto balsamico. L'esplosione di sapore dell'aceto balsamico, accostato alla tenerezza del manzo e la cremosità del Parmigiano, lo rende un antipasto degno di un ristorante stellato!

Frittelle Aeree con Schiume Aromatiche di Vaniglia e Zenzero

Ingredienti:

Per le frittelle leggere:

- 100 g di farina 00
- 1 uovo
- 150 ml di latte
- 1 cucchiaino di lievito in polvere
- 1 pizzico di sale
- Olio per friggere

Per la schiuma di vaniglia:

- 250 ml di latte
- 1 baccello di vaniglia
- 2 g di lecitina di soia

Per la schiuma di zenzero:

- 250 ml di acqua
- 30 g di zenzero fresco, grattugiato
- Zucchero q.b. (circa 2 cucchiai)
- 2 g di lecitina di soia

Preparazione:

1. **Frittelle Leggere:** In una ciotola, mescola la farina, il lievito e il sale. In un'altra ciotola, sbatti l'uovo e aggiungi il latte. Combina i due composti, mescolando fino ad ottenere un impasto omogeneo. Riscalda l'olio in una padella profonda e, quando è caldo, versa piccole porzioni di impasto per formare le frittelle. Friggile finché sono dorate, poi trasferiscile su carta assorbente per eliminare l'olio in eccesso.

2. **Schiuma di Vaniglia:** Scalda il latte in un pentolino. Taglia il baccello di vaniglia a metà e grattugi l'interno per ottenere i semini. Aggiungi i semini e il baccello al latte. Lascia infondere per 10 minuti a fuoco basso, poi rimuovi il baccello e aggiungi la lecitina di soia. Usa un frullatore ad immersione per montare il latte finché non si forma una schiuma densa sulla superficie.

3. **Schiuma di Zenzero:** Porta a ebollizione l'acqua con lo zenzero grattugiato e lo zucchero. Lascia cuocere per 5 minuti, poi filtra e lascia raffreddare. Una volta raffreddato, aggiungi la lecitina di soia e monta con un frullatore ad immersione per creare la schiuma.

4. **Assemblaggio:** Disponi le frittelle su un piatto. Accanto, aggiungi cucchiaiate di schiuma di vaniglia e schiuma di zenzero. Puoi guarnire con

un po' di zucchero a velo o scorza di limone grattugiata per un ulteriore tocco aromatizzato.

Le frittelle aeree combinate con le schiume aromatiche creano un gioco di consistenze e sapori che incanterà il palato. Questa ricetta è perfetta come dessert o come antipasto in una cena gourmet. La combinazione di vaniglia e zenzero offre un bilanciamento tra dolce e piccante, rendendo ogni morso un'esperienza unica.

Tortelli di Barbabietola con Ripieno di Capesante e Zafferano

Ingredienti:

Per la pasta:

- 200 g di farina 00
- 100 g di barbabietole rosse cotte (puoi utilizzare quelle precotte al vapore)
- 1 uovo

Per il ripieno:

- 150 g di capesante fresche (solo il noce, senza corallo)
- 1 piccolo scalogno, finemente tritato
- 1 pizzico di zafferano
- 2 cucchiai di mascarpone
- Sale e pepe nero q.b.
- 1 cucchiaio di olio extra vergine d'oliva

Per la finitura:

- Burro chiarificato
- Foglie fresche di prezzemolo, tritate
- Scorza di limone grattugiata

Preparazione:

1. **Pasta fresca:** Nel frullatore, combina le barbabietole con l'uovo fino a ottenere una purea liscia. Versa la farina su una superficie di lavoro, fai una fontana al centro e versa la purea di barbabietole. Lavora gli ingredienti insieme fino a ottenere un impasto omogeneo. Copri e lascia riposare per 30 minuti.

2. **Ripieno:** In una padella, scalda l'olio e soffriggi lo scalogno fino a quando diventa trasparente. Aggiungi le capesante tritate e cuoci per circa 2-3 minuti. Sciogli lo zafferano in un cucchiaio d'acqua calda e aggiungilo alle capesante. Lascia raffreddare il composto, poi trasferisci in una ciotola e mescola con il mascarpone. Aggiusta di sale e pepe.

3. **Formazione dei tortelli:** Stendi la pasta fresca in fogli sottili. Metti piccole porzioni di ripieno a intervalli regolari sulla pasta. Copri con un altro strato di pasta e taglia i tortelli usando una rotella tagliapasta o uno stampino.

4. **Cottura:** Cuoci i tortelli in abbondante acqua salata bollente per circa 3-4 minuti o fino a quando galleggiano in superficie. Nel frattempo, in una padella, fai sciogliere una noce di burro chiarificato.

5. **Assemblaggio:** Scola i tortelli e trasferiscili nella padella con il burro chiarificato. Salta per un minuto, poi trasferisci i tortelli nei piatti. Guarnisci con prezzemolo tritato e scorza di limone grattugiata.

Questi tortelli combinano la dolcezza terrosa delle barbabietole con il sapore delicato delle capesante, arricchito dall'aroma esotico dello zafferano. La finitura con burro chiarificato, prezzemolo e limone eleva il piatto a un vero e proprio capolavoro gourmet. Buon appetito!

Zuppa Cremosa di Cavolfiore con Gel di Funghi Porcini e Croccante di Prosciutto

Questa zuppa reinventa la tradizionale zuppa di cavolfiore con l'aggiunta di texture e sapori gourmet, grazie all'utilizzo di gel di funghi porcini e un croccante di prosciutto.

Ingredienti:

Per la zuppa:

- 1 cavolfiore medio, tagliato in cimette
- 500 ml di brodo vegetale
- 100 ml di panna fresca
- 1 spicchio d'aglio, schiacciato
- Sale e pepe bianco q.b.
- Olio extra vergine d'oliva

Per il gel di funghi porcini:

- 15 g di funghi porcini secchi
- 250 ml di acqua calda
- 2 g di agar agar

Per il croccante di prosciutto:

- 4 fette di prosciutto crudo
- Un filo d'olio

Preparazione:

1. **Zuppa di cavolfiore:** In una pentola capiente, riscaldi un filo d'olio e aggiungi lo spicchio d'aglio. Fai soffriggere brevemente, poi aggiungi il cavolfiore. Cuoci per alcuni minuti fino a quando il cavolfiore inizia a dorarsi leggermente. Versa il brodo vegetale e porta a ebollizione. Abbassa il fuoco e cuoci fino a quando il cavolfiore è tenero. Rimuovi dal fuoco, elimina lo spicchio d'aglio e frulla con un mixer ad immersione fino ad ottenere una crema liscia. Aggiungi la panna, regola di sale e pepe e mescola bene.

2. **Gel di funghi porcini:** Riidrata i funghi porcini nell'acqua calda per circa 30 minuti. Filtra l'acqua dei funghi in una casseruola, aggiungi l'agar agar e porta a ebollizione. Fai bollire per 2 minuti mescolando costantemente. Versa il liquido in uno stampo piatto e lascia raffreddare fino a quando si solidifica. Una volta raffreddato, frulla il gel con un mixer per ottenere una consistenza liscia e omogenea.

3. **Croccante di prosciutto:** Pre-riscalda il forno a 180°C. Stendi le fette di prosciutto su una teglia foderata con carta da forno, spennella leggermente con olio e cuoci in forno finché diventano croccanti. Lascia raffreddare e sbriciola grossolanamente.

4. **Assemblaggio:** Versa la zuppa di cavolfiore in ciotole, guarnisci con alcune macchie di gel di funghi porcini e cospargi con il croccante di prosciutto.

La combinazione di una crema vellutata di cavolfiore, l'umami terroso del gel di porcini e il sapore salato del croccante di prosciutto rende questa zuppa un'esperienza gastronomica unica, giocando con diverse texture e sapori che si fondono armoniosamente in bocca.

Crema di Piselli al Sous-vide con Menta e Gocce di Olio al Limone

L'uso della tecnica sous-vide permette di mantenere intenso il sapore dei piselli e di conservare il loro brillante colore verde. La menta fresca aggiunge un tocco di freschezza, mentre le gocce di olio al limone donano un twist agrumato.

Ingredienti:

Per la crema di piselli:

- 500 g di piselli freschi sgusciati
- 1 piccola cipolla bianca, tritata
- 1 spicchio d'aglio, tritato
- 10 foglie di menta fresca
- Sale e pepe nero q.b.
- 100 ml di brodo vegetale
- 50 ml di panna fresca

Per l'olio al limone:

- 100 ml di olio extra vergine d'oliva
- La scorza grattugiata di 1 limone
- Un pizzico di sale

Preparazione:

1. **Crema di piselli al sous-vide:** In un sacchetto da sous-vide, metti i piselli, la cipolla, l'aglio, la menta, il sale e il pepe. Estrai l'aria e sigilla il sacchetto. Pre-riscalda il tuo apparecchio sous-vide a 85°C e cuoci i piselli per 45 minuti. Dopo la cottura, trasferisci il contenuto del sacchetto in un mixer, aggiungi il brodo vegetale e frulla fino ad ottenere una crema liscia. Se necessario, puoi passare la crema attraverso un setaccio per ottenere una consistenza ancora più vellutata. Riscalda la crema in una pentola e aggiungi la panna fresca, mescolando fino ad ottenere una consistenza cremosa.

2. **Olio al limone:** In una piccola ciotola, combina l'olio extra vergine d'oliva, la scorza di limone grattugiata e un pizzico di sale. Mescola bene e lascia riposare per almeno 30 minuti affinché i sapori si fondano.

3. **Assemblaggio:** Servi la crema di piselli in ciotole e guarnisci con alcune gocce di olio al limone. Puoi decorare con ulteriori foglie di menta fresca o con un pizzico di pepe nero appena macinato.

Grazie alla cottura sous-vide, i piselli mantengono un sapore e un colore vivaci, che si sposano perfettamente con la freschezza della menta e l'aroma agrumato dell'olio al limone. Questa crema rappresenta un perfetto equilibrio tra tradizione e innovazione, con una texture vellutata e sapori ben definiti.

Cappesante Sous-vide con Crema di Pastinaca, Reduzione di Barolo e Croccante di Pane al Nero di Seppia

La cottura sous-vide delle cappesante consente di ottenere una texture incredibilmente tenera e un sapore perfettamente conservato. Abbinate a una delicata crema di pastinaca, una riduzione intensa di Barolo e un croccante di pane al nero di seppia, questo antipasto offre un'esperienza culinaria davvero unica.

Ingredienti:

Per le cappesante sous-vide:

- 6 cappesante grandi, pulite
- Sale e pepe nero q.b.
- 1 rametto di timo fresco
- 1 cucchiaio di burro

Per la crema di pastinaca:

- 2 pastinache grandi, pelate e tagliate a cubetti
- 200 ml di latte
- Sale q.b.
- Noce moscata q.b.

Per la riduzione di Barolo:

- 250 ml di vino Barolo
- 1 foglia di alloro

- 1 cucchiaino di zucchero

Per il croccante di pane al nero di seppia:

- 2 fette di pane tipo baguette

- 1 cucchiaino di nero di seppia

- Sale q.b.

- Olio extra vergine d'oliva q.b.

Preparazione:

1. **Cappesante sous-vide:** Salare e pepare leggermente le cappesante e metterle in un sacchetto da sous-vide insieme al timo e al burro. Estrai l'aria e sigilla il sacchetto. Imposta il tuo apparecchio sous-vide a 50°C e cuoci le cappesante per 30 minuti.

2. **Crema di pastinaca:** In una pentola, aggiungi le pastinache e il latte, e cuoci a fuoco lento finché le pastinache non sono completamente tenere. Trasferisci le pastinache e il latte in un mixer e frulla fino a ottenere una crema liscia. Regola di sale e aggiungi una grattata di noce moscata.

3. **Riduzione di Barolo:** In una piccola casseruola, combina il Barolo, la foglia di alloro e lo zucchero. Cuoci a fuoco medio-basso finché il liquido non si è ridotto di circa la metà e ha una consistenza sciropposa. Rimuovi la foglia di alloro.

4. **Croccante di pane al nero di seppia:** Preriscalda il forno a 180°C. Spennella le fette di pane con un po' di olio extra vergine d'oliva e una goccia di nero di seppia, finché non diventano nere. Aggiungi un pizzico di sale. Cuoci in forno per circa 10 minuti o finché sono croccanti.

5. **Assemblaggio:** Versa un po' di crema di pastinaca al centro di ogni piatto. Posa una cappesante cotta sous-vide sopra la crema. Guarnisci con qualche goccia di riduzione di Barolo e accompagna con il croccante di pane al nero di seppia.

Questo antipasto, con la sua combinazione di texture e sapori, rappresenta la perfetta armonia tra la cucina tradizionale italiana e tecniche moderne di cottura. Le cappesante delicate e morbide, la dolcezza terrosa della pastinaca, l'intensità del Barolo e il croccante salino del pane rendono ogni boccone un'esperienza indimenticabile.

Filetto di Manzo Sous-vide su Crema di Topinambur e Cipolla Caramellata

L'uso della tecnica sous-vide per il filetto di manzo garantisce una cottura uniforme e una tenerezza impareggiabile. Abbinato alla dolcezza dei topinambur e delle cipolle caramellate, questo antipasto di carne è un vero trionfo di sapori e texture.

Ingredienti:

Per il filetto di manzo sous-vide:

- 2 filetti di manzo da circa 150g l'uno
- Sale e pepe nero q.b.
- 2 rametti di rosmarino
- 2 spicchi d'aglio, schiacciati
- 2 cucchiai di olio extra vergine d'oliva

Per la crema di topinambur:

- 300g di topinambur, puliti e tagliati a cubetti
- 200ml di panna fresca
- Sale e pepe nero q.b.

Per le cipolle caramellate:

- 2 cipolle grandi, affettate finemente
- 2 cucchiai di olio extra vergine d'oliva

- 1 cucchiaio di zucchero di canna
- 2 cucchiai di aceto balsamico
- Sale q.b.

Preparazione:

1. **Filetto di manzo sous-vide:** Salare e pepare i filetti di manzo. In un sacchetto da sous-vide, metti i filetti, il rosmarino, l'aglio e l'olio. Estrai l'aria e sigilla il sacchetto. Imposta il tuo apparecchio sous-vide a 54°C (per una cottura al sangue) e cuoci i filetti per 1-2 ore.

2. **Crema di topinambur:** In una pentola, aggiungi i topinambur e la panna. Porta a ebollizione e cuoci fino a quando i topinambur sono morbidi. Trasferisci in un mixer e frulla fino a ottenere una crema liscia. Regola di sale e pepe.

3. **Cipolle caramellate:** In una padella, scalda l'olio e aggiungi le cipolle. Cuoci a fuoco basso finché le cipolle non sono tenere e traslucide. Aggiungi lo zucchero di canna e l'aceto balsamico, aumenta la fiamma e cuoci finché le cipolle sono caramellate e hanno assorbito il liquido. Regola di sale.

4. **Finitura e assemblaggio:** Una volta cotti, rimuovi i filetti di manzo dal sacchetto e asciuga delicatamente con della carta da cucina. In una padella calda, scotta rapidamente i filetti su tutti i

lati per ottenere una bella crosticina dorata. Fetta i filetti finemente.

5. **Presentazione:** Stendi una cucchiaiata di crema di topinambur al centro di ciascun piatto. Posa sopra le fette di filetto di manzo e guarnisci con le cipolle caramellate. Puoi completare con un filo d'olio extra vergine d'oliva e un pizzico di pepe nero fresco.

L'armonia tra la carne tenera, la crema terrosa di topinambur e la dolcezza delle cipolle caramellate rende questo antipasto di carne un'opzione elegante e raffinata, perfetta per impressionare gli ospiti.

Sfere di Melone in Gelée di Prosecco con Menta Fresca

L'uso della sferificazione in questa ricetta trasforma il melone in piccole sfere simili a perle che esplodono in bocca, rilasciando tutto il loro sapore fresco e zuccherino. L'abbinamento con il Prosecco e la menta eleva il piatto, rendendolo un antipasto elegante e rinfrescante.

Ingredienti:

Per le sfere di melone:

- 250 ml di succo di melone (preferibilmente cantalupo o nettarina)
- 2 g di alginato di sodio
- 1 l di acqua
- 5 g di calcio lactato

Per la gelée di Prosecco:

- 250 ml di Prosecco
- 2 g di agar agar
- 1 cucchiaio di zucchero

Altri:

- Foglie di menta fresca
- Zest di limone (opzionale)

Preparazione:

1. **Sfere di melone:** In un mixer, mescola il succo di melone con l'alginato di sodio finché non otterrai una miscela omogenea. Lascia riposare per un'ora per eliminare le eventuali bolle d'aria. In una ciotola capiente, sciogli il calcio lactato nell'acqua.

Con l'ausilio di una siringa o un cucchiaino, rilascia piccole gocce del succo di melone nella soluzione di calcio lactato. Lascia le sfere immerse per 2-3 minuti. Questo processo creerà una sottile membrana attorno al succo di melone. Estrai delicatamente le sfere con un colino e risciacqua con acqua per rimuovere l'eccesso di calcio.

2. **Gelée di Prosecco:** In una casseruola, porta il Prosecco e lo zucchero a ebollizione. Aggiungi l'agar agar e mescola costantemente per 2 minuti. Togli dal fuoco e versa la miscela in un contenitore basso. Lascia raffreddare in frigorifero finché non si solidifica.

3. **Assemblaggio:** Rompi la gelée di Prosecco in piccoli pezzi con l'aiuto di una forchetta, ottenendo una consistenza granulosa. Disponi la gelée sul fondo di un piatto o in piccoli bicchierini. Sopra, poni delicatamente le sfere di melone. Guarnisci con foglie di menta fresca e, se lo desideri, un po' di zest di limone.

Questo antipasto combina tecniche moderne con sapori classici e freschi. Le sfere di melone, con la loro sorprendente texture, sono perfettamente bilanciate dalla bolla effervescente e acidula della gelée di Prosecco, mentre la menta aggiunge un tocco di freschezza. È l'ideale per iniziare un pasto estivo o per un evento speciale. Buon appetito!

Conclusione: Consigli, Trucchi e Strumentazione

Nella nostra avventura culinaria attraverso la cucina gourmet italiana, abbiamo esplorato tecniche avanzate, ingredienti freschi e combinazioni di sapori che hanno stimolato sia la mente che il palato. Tuttavia, come ogni grande chef sa, la vera magia non risiede solo nelle ricette, ma anche nel saper utilizzare al meglio gli strumenti a disposizione e nel conoscere piccoli trucchi per perfezionare ogni piatto. In queste conclusioni, rifletteremo sugli aspetti fondamentali di ciò che abbiamo appreso e suggeriremo come andare avanti nel vostro viaggio gastronomico.

1. **La Perfezione è un Processo:** Come abbiamo visto, la cucina gourmet richiede precisione, pazienza e pratica. Non scoraggiarti se non ottieni risultati perfetti al primo tentativo. Ogni errore è un'opportunità di apprendimento.

2. **Strumentazione di Qualità:** Investire in buoni strumenti di cucina è fondamentale. Dalle padelle antiaderenti ai dispositivi sous-vide, l'utilizzo della strumentazione giusta può fare la differenza tra un buon piatto e un piatto eccezionale.

3. **Mai Compromettere sulla Freschezza:** Abbiamo sottolineato l'importanza degli ingredienti freschi in molte delle nostre ricette. La freschezza non solo garantisce il miglior sapore,

ma anche una migliore consistenza e un aspetto visivo più attraente.

4. **Sempre Pronti a Innovare:** La cucina gourmet è un campo in continua evoluzione. Nuove tecniche, strumenti e ingredienti vengono introdotti regolarmente. Mantieniti aggiornato, partecipa a corsi, leggi e sperimenta sempre nuove idee.

5. **Condivisione e Crescita:** Una delle gioie della cucina è la condivisione. Che si tratti di condividere una nuova ricetta con amici e familiari o di imparare da colleghi chef, la crescita avviene attraverso la collaborazione e l'interazione.

6. **Rispetto per la Tradizione:** Pur abbracciando l'innovazione, è fondamentale rispettare e comprendere le tradizioni culinarie. La cucina italiana, ricca e variegata, offre una fonte inesauribile di ispirazione. Ogni regione, ogni città e ogni famiglia ha le sue tradizioni uniche e preziose.

Concludendo, speriamo che questo viaggio attraverso la cucina gourmet italiana vi abbia fornito non solo tecniche e ricette, ma anche una profonda apprezzamento per l'arte culinaria. La passione, l'impegno e l'amore per la buona cucina sono ciò che realmente trasforma un cuoco in un artista. E come ogni artista sa, c'è sempre qualcosa di nuovo da imparare, da esplorare e da creare. Buona cucina e buon viaggio nel vostro percorso gastronomico!

L'ESSENZA DELLA CUCINA ITALIANA –

I SECONDI PIATTI

Un viaggio tra tradizione e innovazione attraverso
tecniche gourmet

Chef Renato Falchi

Titolo: L'essenza della cucina italiana – i secondi piatti

Autore: Chef Renato Falchi

Prima edizione: settembre 2023

1. **Introduzione**

   - La storia della cucina italiana

   - L'evoluzione verso il gourmet

   - L'importanza della freschezza degli ingredienti

2. **Tecniche Culinare Moderne**

   - La sferificazione e le sue applicazioni

   - Cottura a bassa temperatura: Sous-vide

   - Cottura al vapore: mantenere colori e sapore

   - Emulsioni e schiume: l'arte della leggerezza

3. **Antipasti**

   - Crudi e carpacci reinventati

   - Sfere di mozzarella e aceto balsamico

   - Frittelle leggere con schiume aromatiche

   - dolci

4. **Consigli, Trucchi e Strumentazione**

   - Gli utensili indispensabili per la cucina gourmet

   - Trucchi per la presentazione dei piatti

   - Come scegliere gli ingredienti migliori

1
INTRODUZIONE: LA STORIA DELLA CUCINA ITALIANA

Origini e influenze antiche: gli Etruschi

Gli Etruschi furono una civiltà antica che fiorì nella regione dell'attuale Toscana, Lazio e Umbria, tra il IX e il I secolo a.C. Sebbene molte delle loro tradizioni e costumi siano stati assimilati dalla successiva cultura romana, hanno lasciato un'impronta indelebile nella storia culinaria italiana.

Dieta e Alimentazione

- Cereali: Il farro era uno degli alimenti di base degli Etruschi. Questo antico grano era utilizzato per fare pane e pappa (una sorta di porridge). La spelta, un altro grano antico, era anch'essa un alimento fondamentale.

- Legumi e Verdure: Fave, lenticchie e piselli erano componenti essenziali della dieta etrusca. Consumavano anche una varietà di verdure, tra cui cipolle, aglio, cavoli e rape.

- Carne e Pesce: La carne era generalmente riservata per occasioni speciali e rituali religiosi. Mangiavano maiale, pecora e capra. Inoltre, essendo vicini al mare, consumavano anche una varietà di pesce e frutti di mare.

- Frutta e Noci: Fichi, mele, uva e noci erano una parte essenziale della dieta. L'uva, in particolare, veniva fermentata per produrre vino, una bevanda popolare tra gli Etruschi.

Tecniche di Cottura e Utensili

- Forni e Griglie: Gli Etruschi cucinavano spesso i loro alimenti in forni di argilla o su griglie. La carne, in particolare, era spesso arrostita su spiedi.

- Ceramica: Gli Etruschi erano noti per la loro ceramica di alta qualità, utilizzata per conservare, preparare e servire il cibo. I vasi con disegni intricati erano spesso utilizzati per conservare olio d'oliva e vino.

Influenza sulla Cucina Romana

- Mentre Roma cresceva in potenza e influenza, molte delle tradizioni culinarie etrusche furono adottate e adattate dalla cultura romana. Ad esempio, la pratica di abbinare vino con i pasti, così come l'uso di determinati ingredienti e tecniche di cottura.

- La cultura del banchetto, dove le persone si riunivano per condividere cibo e bevande, ha radici sia nella tradizione etrusca che in quella romana.

La civiltà etrusca, con le sue tradizioni e i suoi sapori, rappresenta una parte fondamentale del mosaico culturale e culinario dell'Italia. Sebbene gran parte della loro storia sia stata oscurata dall'ascesa di Roma, il loro contributo alla cucina italiana non può essere sottovalutato.

Origini e influenze antiche: Roma

L'influenza dell'antica Roma sulla cucina italiana è vasta e duratura. Durante il suo picco, l'Impero Romano si estese da parte dell'attuale Gran Bretagna fino al Medio Oriente, e questa vastità geografica ha portato a una ricca diversità di ingredienti e tecniche culinarie.

L'influenza di Roma sulla cucina italiana antica

Dieta Staple

- **Grano**: La "alimenta" di Roma, il grano era la colonna portante della dieta romana. Veniva consumato principalmente sotto forma di pane e come "puls", una sorta di porridge o polenta.

- **Olio d'oliva e vino**: Questi erano componenti essenziali della dieta romana e sono ancora pilastri della cucina italiana oggi. Mentre l'olio d'oliva era usato sia per cucinare che per condire, il vino era bevuto spesso diluito con acqua.

Ingredienti e Piatti Importanti

- **Garum**: Una salsa di pesce fermentato molto salata, era un condimento fondamentale in molte ricette romane.

- **Frutta e Verdure**: Mele, fichi, uva, cavoli, carote e asparagi erano comuni nella dieta romana. Gli ortaggi venivano spesso cucinati in stufati o serviti come contorni.

- **Carne e Pesce**: Sebbene non fosse la principale fonte di proteine per la maggior parte dei Romani (a causa del costo), veniva consumata in occasioni speciali. Pollo, maiale e agnello erano le carni più comuni. Il pesce, specialmente nelle zone costiere, era anche una parte importante della dieta.

Tecniche di Cottura e Presentazione

- **Cottura Lenta**: I Romani erano fan delle stufe e delle cotture lente, spesso cucinando piatti come stufati e zuppe per ore.

- **Presentazione**: I Romani davano molta importanza alla presentazione dei cibi. Durante i banchetti, i piatti erano elaboratamente preparati e serviti in modo da impressionare gli ospiti.

L'importanza dei Banchetti

- I banchetti erano eventi sociali di grande importanza, spesso utilizzati per ostentare ricchezza e status. Includevano una vasta gamma di piatti, da antipasti a dolci.

- Durante questi banchetti, venivano serviti piatti esotici e lussuosi, come fenicotteri, ostriche e carni prelibate, spesso accompagnati da vini rari.

L'espansione e l'Integrazione Culinaria

- Con l'espansione dell'Impero Romano, nuovi ingredienti e tecniche culinarie furono introdotti da regioni diverse. Questo ha portato a un arricchimento della cucina romana con spezie dal Medio Oriente, vini dalla Spagna e cereali dal Nord Africa.

- Alcune delle tradizioni culinarie romane furono influenzate da civiltà precedenti come gli Etruschi, mentre altre furono adottate dalle culture che l'Impero conquistò. L 'antica Roma ha gettato le basi per molti aspetti della cucina italiana moderna. La sua enfasi su ingredienti freschi e di qualità, l'importanza della presentazione, e la sua capacità di integrare nuovi ingredienti e tecniche da terre lontane sono tutte tradizioni che hanno resistito alla prova del tempo e che si riflettono ancora oggi nella gastronomia italiana.

Medioevo e Rinascimento: L'influenza araba

Contesto Storico Nel IX e X secolo, gli Arabi (spesso identificati come i Saraceni) conquistarono parti dell'Italia meridionale e la Sicilia. Durante la loro dominazione, che durò per più di due secoli in Sicilia, portarono con sé non solo la loro lingua e la loro architettura, ma anche una ricchezza di conoscenze culinarie e nuovi ingredienti.

Ingredienti introdotti dagli Arabi

- **Zucchero**: Prima dell'arrivo degli Arabi, il dolcificante principale in Italia era il miele. Gli Arabi introdussero la tecnica di raffinazione dello zucchero dalla canna da zucchero.

- **Riso**: Anche se il riso era noto in Europa, furono gli Arabi a introdurre metodi di coltivazione e preparazione più sofisticati in Italia, che poi diedero vita a piatti come il risotto.

- **Agrumi**: Arance amare, limoni e cedri furono introdotti e coltivati, in particolare in Sicilia.

- **Spezie**: Anche se alcune spezie erano già note agli italiani, gli Arabi ampliarono notevolmente la varietà disponibile, portando spezie come lo zafferano, la cannella e la noce moscata.

Tecniche e Piatti

- **Dolci e pasticceria**: Con l'introduzione dello zucchero, la pasticceria siciliana divenne più sofisticata. I "cassata" e i "cannoli", entrambi popolari dolci siciliani, hanno radici in questa era.

- **Couscous**: Anche se è più associato al Nord Africa, il couscous ha trovato una casa in Sicilia grazie agli Arabi.

- **Sorbetti e granite**: L'idea di rinfrescarsi con bevande e dessert ghiacciati era popolare tra gli Arabi. Questo concetto portò alla nascita di sorbetti e granite in Sicilia.

Impatto Culturale e Culinario

- L'influenza araba non si limitò solo agli ingredienti o ai piatti singoli. Portò un nuovo approccio alla coltivazione, alla conservazione e alla preparazione del cibo.

- Gli Arabi introdussero metodi avanzati di irrigazione, migliorando la produttività agricola.

- L'uso di spezie per conservare il cibo e l'importanza di combinare dolce, salato, e acidulo in un singolo piatto sono concetti che possono essere ricondotti all'influenza araba.

L'eredità dell'influenza araba sulla cucina italiana è ancora visibile oggi, in particolare nella gastronomia siciliana. Molti dei piatti e delle tecniche introdotte o perfezionate durante la dominazione araba sono diventati fondamentali nella tradizione culinaria italiana e continuano a essere celebrati e goduti fino ai giorni nostri.

Medioevo e Rinascimento: Manoscritti e Libri di Cucina

Il Contesto Storico Durante il Medioevo, i manoscritti erano l'unico modo di registrare e trasmettere le informazioni. Questi testi, scritti a mano su pergamena o carta, erano spesso prodotti nei monasteri. Tuttavia, con l'invenzione della stampa a caratteri mobili da parte di Gutenberg nel XV secolo, la produzione e la distribuzione dei libri divenne più accessibile e meno costosa, portando a una maggiore diffusione dei libri di cucina.

Manoscritti Medievali

- "Liber de Coquina": Uno dei più antichi testi culinari medievali conosciuti, originario dell'Italia del XIII secolo. Offre un'ampia gamma di ricette, dalle torte di carne ai dolci.

- Manoscritti monastici: Molti monasteri producevano manoscritti che contenevano ricette, spesso con un focus su piatti adatti ai periodi di digiuno.

Libri di Cucina del Rinascimento

- "De honesta voluptate et valetudine" (Sull'onesto piacere e sulla salute): Scritto da Bartolomeo Platina nel XV secolo, è spesso considerato il primo "vero" libro di cucina stampato. Oltre alle ricette, offre consigli su come mantenere una dieta equilibrata.

- "Opera" di Bartolomeo Scappi: Quest'opera del XVI secolo è uno dei libri di cucina più completi dell'epoca, con oltre 1000 ricette e illustrazioni di utensili da cucina.

Caratteristiche e Temi

- Ingredienti e Tecniche: Molti di questi manoscritti e libri di cucina documentavano l'uso di ingredienti esotici e nuove tecniche culinarie, riflettendo l'apertura dell'Europa al commercio globale.

- Dietetica: La relazione tra cibo, salute e benessere era un tema comune. Molti libri offrivano consigli non solo su come preparare il cibo, ma anche su come mantenere una dieta equilibrata.

- Estetica: La presentazione del cibo divenne sempre più importante durante il Rinascimento. I libri spesso includevano dettagli su come decorare e presentare i piatti in modo elaborato.

I manoscritti e i libri di cucina del Medioevo e del Rinascimento hanno svolto un ruolo cruciale nell'evoluzione della gastronomia europea. Hanno conservato e diffuso conoscenze culinarie, riflettendo al contempo i cambiamenti culturali, economici e scientifici dell'epoca. Grazie a questi testi, possiamo avere una visione dettagliata delle tradizioni culinarie di quei tempi e della loro influenza sulla cucina moderna.

Impatto sulla Cucina Italiana

L'introduzione di questi nuovi ingredienti ha portato a una diversificazione dei piatti e delle tecniche culinarie. Per esempio:

- I pomodori divennero la base per salse e stufati.

- Il mais venne utilizzato per fare la polenta, che divenne un alimento base in molte regioni del nord Italia.

- Spezie come il pepe e la cannella furono integrate in molti dolci tradizionali.

Il Medioevo e il Rinascimento furono periodi di grande trasformazione per la cucina italiana, in gran parte grazie all'introduzione di nuovi ingredienti. Questi ingredienti non solo arricchirono la tavolozza dei sapori disponibili per i cuochi italiani, ma influenzarono anche l'evoluzione della cultura e dell'identità culinaria dell'Italia.

Dal 18° secolo: Regionalismo in Cucina

Il 18° secolo, noto anche come il secolo dei Lumi, ha visto un aumento dell'interesse per la scienza, l'arte e la cultura. Tuttavia, l'Italia era ancora un mosaico di stati e territori indipendenti, ciascuno con la sua propria lingua, tradizioni e, naturalmente, cucina. Questo mosaico di stati ha contribuito all'identità culinaria distintamente regionale dell'Italia.

La Cucina delle Regioni

- **Nord**: In regioni come Piemonte, Lombardia e Veneto, i piatti erano spesso a base di burro, riso e carni. La polenta era un alimento base, e formaggi come il Gorgonzola e il Taleggio divennero popolari.

- **Centro**: Toscana, Umbria e Marche vantavano una cucina basata sull'uso dell'olio d'oliva, legumi e carni. La Toscana, in particolare, divenne famosa per la sua "cucina povera", con piatti come la ribollita e la pappa al pomodoro.

- **Sud**: Regioni come Campania, Calabria e Sicilia erano fortemente influenzate dalle culture mediterranee. Qui, il pomodoro, introdotto secoli prima, divenne una parte fondamentale della dieta, così come il pesce fresco, le olive e gli agrumi.

Libri di Cucina e L'Identità Regionale

Man mano che il secolo avanzava ci fu un aumento dell'interesse per la documentazione delle ricette tradizionali. Questo periodo vide la pubblicazione di numerosi libri di cucina che riflettevano le tradizioni regionali, contribuendo a cementare l'identità culinaria delle diverse regioni italiane.

L'Unificazione Italiana e la Cucina.

Con l'unificazione italiana nel 19° secolo, c'è stata una maggiore mobilità tra le regioni. Tuttavia, invece di omogeneizzare la cucina italiana, questo ha spesso portato a una celebrazione delle differenze regionali, con piatti e ingredienti specifici delle regioni che diventano simboli di orgoglio locale. Il 18° secolo ha gettato le basi per l'esplosione del regionalismo nella cucina italiana. Le tradizioni, i piatti e gli ingredienti di ogni regione sono diventati fondamentali per l'identità culturale e culinaria dell'Italia. Questo regionalismo è una delle ragioni per cui la cucina italiana è così varia e ricca, con ogni regione che offre qualcosa di unico al tavolo gastronomico.

Emigrazione Italiana e Diffusione Globale della Cucina

Onde di Emigrazione. Le massicce onde di emigrazione italiana iniziarono intorno alla fine del 19° secolo e continuarono per gran parte del 20° secolo. Gli italiani si stabilirono in molte parti del mondo, compresi Stati Uniti, Canada, Argentina, Brasile, Australia e molti altri paesi. Ogni comunità di emigrati portava con sé le tradizioni culinarie della sua regione di origine.

Influenza Culinaria

- **Stati Uniti**: Con l'arrivo degli italiani, specialmente nelle grandi città come New York, Boston e San Francisco, la pizza, la pasta e il gelato divennero rapidamente popolari. Piatto emblematico è la pizza stile New York, che, pur avendo radici napoletane, si è evoluta in una forma distintamente americana.

- **Argentina**: Qui, la cucina italiana si è fusa con la tradizione locale. Un esempio classico è la "milanesa", una cotoletta panata che riflette le radici italiane ma è diventata un pilastro della cucina argentina.

- **Australia**: Città come Melbourne e Sydney videro l'arrivo di un grande numero di italiani. La pasta, la pizza e il gelato divennero rapidamente parte integrante del panorama culinario australiano.

L'Evoluta "Cucina Italiana" all'Estero.

La cucina italiana all'estero ha spesso preso una vita propria, integrando ingredienti locali e adattandosi ai gusti locali. Questo ha portato alla nascita di piatti come la "chow mein" all'aglio in alcune comunità italoamericane o la pizza "Hawaiana", con prosciutto e ananas.

Conservazione delle Tradizioni.

Tuttavia, molte comunità italiane all'estero hanno anche fatto grandi sforzi per conservare le tradizioni culinarie autentiche. Le feste di paese, le celebrazioni religiose e le associazioni di emigrati spesso avevano (e hanno) al centro la cucina tradizionale, funzionando come un legame con la madrepatria.

Riconoscimento Globale

La popolarità della cucina italiana ha anche portato a una maggiore curiosità e apprezzamento per le autentiche tradizioni culinarie regionali italiane. Molti chef e ristoranti di origine italiana all'estero sono tornati alle radici, offrendo piatti tradizionali e promuovendo l'autentica cucina italiana. Mentre l'emigrazione italiana ha portato a una diaspora globale, la cucina è rimasta uno dei legami più forti con la madrepatria. La cucina italiana è diventata sinonomo di convivialità, famiglia e tradizione, e ha trovato una casa in quasi ogni angolo del mondo, adattandosi e evolvendosi, ma mantenendo sempre il cuore e l'anima della tradizione italiana.

Tendenze Moderne nella Cucina Italiana

1. Fusion Italiana

Con l'inevitabile globalizzazione, gli chef italiani hanno iniziato a sperimentare combinazioni di sapori e tecniche provenienti da altre culture, dando vita a una cucina "fusion" italo-globale. Ad esempio, potresti trovare pasta con ingredienti tipicamente asiatici come il wasabi o il teriyaki.

2. Slow Food

Nata in Italia come risposta alla cultura del fast food, la tendenza "Slow Food" pone l'accento su ingredienti locali, sostenibilità e tradizione. Il movimento promuove l'utilizzo di prodotti stagionali, la protezione delle tradizioni alimentari locali e la lotta contro la standardizzazione del cibo.

3. Cucina Vegetariana e Vegana

Anche l'Italia, come molte altre culture, ha visto una crescente popolarità delle diete vegetariane e vegane. Molti ristoranti ora offrono opzioni vegane per piatti classici, e nuove interpretazioni di antiche ricette basate su legumi e verdure stanno diventando mainstream.

4. Tecniche Avanzate e Moleculari

Influenzati dalla cucina molecolare spagnola e da altre avanguardie culinarie, alcuni chef italiani hanno adottato tecniche come sferificazione, gelificazione e cottura a bassa temperatura per reinventare piatti tradizionali.

5. Riscoperta delle Tradizioni Perdute

Mentre alcuni chef guardano al futuro, altri stanno scavando nel passato. C'è un crescente interesse nel recuperare e rivitalizzare ricette e tecniche quasi dimenticate da antichi manoscritti o dalle tradizioni delle nonne.

6. Enogastronomia

La combinazione di cibo e vino è sempre stata al centro della cultura italiana, ma ora c'è un rinnovato interesse per l'abbinamento preciso tra piatti e vini, con particolare attenzione ai vini naturali e biologici.

7. Esperienze Gastronomiche Immersive

Invece di semplici pasti, molti sono alla ricerca di un'esperienza culinaria completa. Ciò può includere cene in fattorie o vigneti, corsi di cucina interattivi o eventi tematici che raccontano una storia attraverso il cibo.

8. Sostenibilità e Zero Waste

Con una crescente consapevolezza delle questioni ambientali, molti ristoranti e chef italiani stanno adottando pratiche sostenibili, dal ridurre gli sprechi alimentari all'utilizzo di ingredienti biologici e alla promozione di una filosofia "dalla fattoria alla tavola".

Queste tendenze mostrano che, pur rimanendo fedele alle sue radici, la cucina italiana continua a evolversi, riflettendo i cambiamenti nella società e nelle preferenze globali. La bellezza della gastronomia italiana risiede nella sua capacità di bilanciare tradizione e innovazione in un mix armonioso e delizioso.

L'Influenza della Cucina Italiana nel Mondo

1. Pizze e Pasta Ovunque Probabilmente, non esiste un angolo del mondo dove non si possa trovare una pizza o un piatto di pasta. Anche se questi piatti sono stati adattati ai gusti locali (pensa alla pizza hawaiana o agli spaghetti alla bolognese americano), le loro radici italiane sono innegabili.

2. Gelaterie e Caffè Italiani Da Tokyo a New York, le gelaterie italiane offrono gusti autentici come stracciatella, nocciola e tiramisù. Parallelamente, il rito dell'espresso e del cappuccino si è diffuso globalmente, con caffè italiani come il famoso "Illy" o "Lavazza" che sono riconosciuti ovunque.

3. Vini e Liquori Italiani Il Chianti, il Prosecco, il Barolo sono solo alcuni dei vini italiani che godono di fama internazionale. A questi si aggiungono liquori come il Limoncello, l'Amaro o il Campari, essenziali in molti cocktail moderni.

4. Ingredienti Italiani nella Cucina Globale Prodotti come l'olio d'oliva extra vergine, il parmigiano reggiano, il prosciutto di Parma e l'aceto balsamico sono diventati ingredienti di base nelle cucine di tutto il mondo.

5. Tecniche Culinari Oltre ai piatti e ai prodotti, anche le tecniche italiane di preparazione e cottura si sono diffuse. Ad esempio, il metodo di preparazione del risotto è applicato a diverse varietà di cereali in cucine di tutto il mondo.

6. Eventi e Festival Gastronomici Numerosi festival del vino, del formaggio e della pasta in tutto il mondo celebrano l'influenza italiana, attraggendo chef e foodies da ogni dove.

7. Scuole di Cucina Italiana Da Parigi a Bangkok, molte scuole di cucina offrono corsi specifici sulla cucina italiana, dimostrando l'importanza e l'influenza di questa tradizione culinaria.

8. Fusione con Altre Cucine In molte città cosmopolite, è comune trovare ristoranti che offrono una fusione tra la cucina italiana e quella locale, creando nuovi e sorprendenti piatti.

9. Ristoranti Italiani Stellati Molti chef italiani, come Massimo Bottura, hanno ricevuto riconoscimenti

internazionali e hanno aperto ristoranti in tutto il
mondo, portando con sé la tradizione combinata con la
loro innovativa interpretazione della cucina italiana.

In sintesi, l'influenza della cucina italiana è
onnipresente. La sua combinazione di sapori, tecniche e
tradizioni ha fatto sì che fosse amata e adottata da molte
culture, dimostrando che il cibo, nella sua essenza, è
veramente universale. E l'Italia, con la sua ricca
tradizione gastronomica, ha avuto un ruolo centrale in
questo dialogo culinario globale.

L'Evoluzione della Cucina Italiana verso il Gourmet

1. Radici nella Tradizione. La cucina italiana, con le sue profonde radici nelle tradizioni familiari e regionali, ha sempre avuto un'essenza "gourmet" in termini di ingredienti di qualità e preparazione attenta. Ogni regione, ogni città e persino ogni famiglia aveva la sua versione di un piatto, con segreti tramandati di generazione in generazione.

2. L'Alta Cucina e la Nobiltà Già nel Rinascimento, gli chef al servizio della nobiltà e dei ricchi mercanti iniziavano a creare piatti elaborati e sofisticati. Questi piatti, spesso riservati ai banchetti e alle occasioni speciali, possono essere visti come i precursori della moderna cucina gourmet.

3. L'Influenza Francese. Nel corso dei secoli, l'interazione tra la cucina italiana e quella francese, in particolare l'alta cucina francese, ha influenzato lo sviluppo del gourmet in Italia. Gli chef italiani iniziarono a incorporare tecniche e presentazioni eleganti apprese dalla cucina francese.

4. Emergenza dei Ristoranti Stellati Il XX secolo ha visto l'emergere di chef e ristoranti italiani che guadagnavano riconoscimenti internazionali, come le stelle Michelin. Questo ha spinto molti chef a spingersi oltre, sperimentando nuove tecniche e combinazioni di sapori pur rimanendo fedeli alle radici italiane.

5. La Nuova Onda della Cucina Italiana Negli ultimi decenni, chef come Massimo Bottura hanno rivoluzionato la percezione della cucina italiana, combinando la profonda conoscenza della tradizione con tecniche avant-garde e un approccio artistico alla presentazione. Il suo ristorante "Osteria Francescana" a Modena è un esempio emblematico di questa evoluzione.

6. La Riscoperta del Locale. Con la tendenza verso la sostenibilità e il movimento Slow Food, molti ristoranti gourmet si sono concentrati su ingredienti locali e stagionali. Questo "ritorno alle radici" ha permesso di esplorare in profondità la ricchezza delle diverse tradizioni regionali italiane, elevandole a un livello gourmet.

7. L'Educazione Gastronomica. Con una crescente apprezzamento per la gastronomia, molte scuole culinarie italiane hanno ampliato la loro offerta, formando chef non solo nelle tecniche tradizionali, ma anche nelle ultime tendenze gourmet. Questa formazione ha contribuito a portare la cucina italiana a nuove vette di eccellenza.

L'Importanza della Freschezza degli Ingredienti nella Cucina Italiana

1. Salvaguardia del Gusto Autentico Una delle qualità distintive della cucina italiana è il gusto puro e autentico che viene dalla combinazione armoniosa di ingredienti freschi. Utilizzare ingredienti freschi significa poter esaltare il sapore originale di ogni componente, piuttosto che cercare di mascherare il gusto di elementi meno freschi con spezie o condimenti eccessivi.

2. Valorizzazione delle Stagioni In Italia, c'è una profonda consapevolezza e rispetto per le stagioni. Ogni stagione porta con sé una varietà di ingredienti freschi che sono al loro picco di sapore e nutrienti. Questa sazionalità non solo garantisce la freschezza ma anche una bella varietà nel menù durante tutto l'anno.

3. Nutrizione Ottimale Gli ingredienti freschi tendono a mantenere una quantità maggiore di nutrienti rispetto a quelli che sono stati conservati o trattati per lungo tempo. Quindi, l'utilizzo di prodotti freschi non è solo una questione di gusto, ma anche di benessere e nutrizione.

4. Sostenibilità e Etica L'approccio alla freschezza degli ingredienti spesso coincide con pratiche più sostenibili e etiche. Favorire prodotti locali e stagionali significa ridurre l'impronta carbonica associata al trasporto di lunga distanza e supportare le comunità agricole locali.

5. Innovazione e Creatività L'uso di ingredienti freschi invita anche alla creatività. Gli chef sono incoraggiati a sperimentare e creare piatti nuovi e innovativi basati su ciò che è disponibile, portando a una cucina dinamica e in continua evoluzione.

6. Esperienza Sensoriale Completa Ingredienti freschi e di alta qualità offrono una esperienza sensoriale più completa. I colori sono più vividi, i sapori più intensi e le texture più invitanti, contribuendo a creare un piatto che è un vero piacere per tutti i sensi.

7. Onore alla Tradizione. La cucina italiana ha una storia lunga e ricca, e l'utilizzo di ingredienti freschi è una pratica che è stata tramandata di generazione in generazione. In questo modo, ogni piatto è una celebrazione delle radici profonde e della ricca eredità della cultura culinaria italiana. La freschezza degli ingredienti è una filosofia e un modo di vivere in Italia. È una pratica che onora la terra, celebra la stagionalità e porta alla creazione di piatti che sono tanto nutrienti quanto deliziosi. Nella cucina gourmet italiana, dove ogni dettaglio conta, la scelta degli ingredienti freschi è quasi sacrosanta, assicurando che ogni boccone sia un'esperienza sublime e ineguagliabile.

Sferificazione: Una Rassegna

Cos'è la Sferificazione? La sferificazione è una tecnica culinaria che trasforma un liquido in sfere che sembrano caviale o perle. Queste sfere possono rompersi in bocca, rilasciando il liquido al loro interno. La tecnica è stata popolarizzata da Ferran Adrià dell'El Bulli, un ristorante in Spagna noto per la sua cucina avant-garde.

Come Funziona? La sferificazione sfrutta una reazione chimica tra il calcio e determinati alginati. Esistono due metodi principali:

1. Sferificazione Base: Un liquido contenente alginato di sodio viene versato in un bagno di calcio, formando una sfera con un guscio esterno gelificato.

2. Sferificazione Inversa: Un liquido contenente calcio viene versato in un bagno contenente alginato di sodio, anch'esso creando sfere ma utilizzate per ingredienti di diversa natura.

Applicazioni nella Cucina Gourmet:

1. Caviale di Frutta e Verdura: Liquidi estratti da frutta o verdura, come melone o pomodoro, possono essere trasformati in sfere simili a perle o caviale, offrendo un'esperienza gustativa sorprendente.

2. Salse e Brodi: Invece di servire una salsa o un brodo nel modo tradizionale, gli chef possono utilizzare la sferificazione per creare perle che rilasciano esplosioni di sapore al momento del morso.

3. Dessert e Cocktails: Immagina una margarita o un mojito presentato sotto forma di sfere, o un dessert che rilascia un liquore o un sapore dolce quando lo si morde.

4. Sfere Più Grandi: Non solo piccole perle, ma anche sfere più grandi, simili a uova, possono essere create per contenere bevande o salse che il commensale può rompere e versare.

Vantaggi della Sferificazione:

1. Estetica Innovativa: La presentazione del piatto diventa straordinaria e moderna, offrendo un'esperienza visiva unica.

2. Sorpresa Sensoriale: La texture gelificata esterna e il liquido interno forniscono una combinazione di consistenze che sorprende e delizia.

3. Versatilità: La sferificazione può essere applicata a una vasta gamma di liquidi, permettendo infinite possibilità creative.

In conclusione, la sferificazione rappresenta una delle tecniche culinarie moderne più entusiasmanti e offre un

2. Conservazione dei Sapori: Siccome il cibo è sigillato, tutti gli aromi e i succi rimangono all'interno del sacchetto, intensificando i sapori.

3. Texture Migliorata: Carne, pesce e verdure tendono a mantenere una texture migliore, risultando più teneri e succosi.

4. Efficienza: Una volta impostata la temperatura, la cottura sous-vide richiede poca supervisione, liberando lo chef o il cuoco per concentrarsi su altre cose.

Applicazioni nella Cucina Gourmet:

1. Carni: Sia per tagli pregiati che per quelli meno nobili, la cottura sous-vide permette di ottenere carni tenerissime, mantenendo il giusto grado di cottura.

2. Pesce: Delicato e facile da sovracuocere, il pesce beneficia enormemente dalla precisione della cottura sous-vide.

3. Verdure: Cucinare verdure sottovuoto mantiene e intensifica il loro sapore, offrendo una texture ineguagliabile.

4. Uova: Molte cucine gourmet sperimentano con la cottura di uova a bassa temperatura, ottenendo consistenze cremose e saporite.

Cottura a Vapore: Mantenere Colori e Sapore

Cos'è la Cottura a Vapore? La cottura a vapore implica cuocere il cibo utilizzando il vapore prodotto dall'acqua bollente. Il cibo viene solitamente posto in un cestello o in una pentola forata sopra una fonte di acqua bollente, permettendo al vapore di circolare e cuocere il cibo uniformemente.

Preservazione dei Colori:

1. Menor Ossidazione: A differenza di altri metodi di cottura, come la bollitura, dove il cibo viene immerso nell'acqua, la cottura a vapore evita l'ossidazione diretta, mantenendo i colori vividi degli ingredienti, specialmente delle verdure.

2. Ridotta Perdita di Pigmenti: I pigmenti responsabili dei colori brillanti nelle verdure, come la clorofilla nelle verdure verdi, sono meglio conservati con la cottura a vapore rispetto ad altre tecniche.

Mantenimento del Sapore:

1. Menor Diluizione: Poiché il cibo non è immerso nell'acqua, i sapori non vengono diluiti. Ciò significa che verdure, pesci e carni mantengono un sapore più ricco e concentrato.

2. Preservazione degli Oli Naturali: Molti alimenti hanno oli e grassi naturali che vengono mantenuti

durante la cottura a vapore, arricchendo ulteriormente il profilo di sapore.

Benefici Aggiuntivi della Cottura a Vapore:

1. Conservazione dei Nutrienti: Molti nutrienti, in particolare le vitamine solubili in acqua come la vitamina C e alcune vitamine del gruppo B, sono conservati meglio con la cottura a vapore rispetto a metodi come la bollitura.

2. Salute e Digestione: La cottura a vapore è spesso raccomandata per la preparazione di cibi leggeri e facilmente digeribili. È una tecnica ideale per chi cerca un approccio più salutare alla cucina.

3. Versatilità: Oltre a verdure e pesce, la cottura a vapore è perfetta per dumplings, buns, e alcuni dolci, specialmente in cucine asiatiche. La cottura a vapore non è solo una tecnica antica, ma continua a essere essenziale in una cucina dove l'integrità del sapore, il colore e la nutrizione degli ingredienti sono prioritari. Offre una maniera delicata e rispettosa di trattare gli ingredienti, garantendo risultati saporiti e visivamente accattivanti. Nell'era moderna, dove l'aspetto salutare e l'estetica del piatto giocano un ruolo centrale, la cottura a vapore è più rilevante che mai.

Emulsioni e Schiume: L'Arte della Leggerezza

Emulsioni: Una Sinfonia di Due Mondi. Le emulsioni sono una miscela di due liquidi immiscibili (solitamente olio e acqua) che vengono forzati a coesistere grazie all'azione di un emulsionante.

1. Esempi Comuni: La maionese e la vinaigrette sono due esempi classici di emulsioni. Nella maionese, il tuorlo d'uovo agisce come emulsionante, legando olio e acqua in una consistenza cremosa.

2. Benefici: Le emulsioni possono aggiungere corpo e cremosità ai piatti senza appesantirli, offrendo al contempo un rilascio bilanciato di sapori.

3. Tecniche Moderne: Gli chef di oggi sperimentano con emulsionanti come la lecitina per creare emulsioni innovative, combinando ingredienti inaspettati o creando texture uniche.

Schiume: Soffici Nuvole di Sapore. Le schiume sono preparate incorporando una grande quantità di gas in un liquido. Il risultato è una massa leggera e ariosa che porta il sapore del liquido originale, ma con una consistenza eterea.

1. Strumenti: I sifoni da cucina sono uno strumento comune utilizzato per creare schiume. Introducendo gas come il protossido d'azoto in un

liquido dentro il sifone, si ottiene una schiuma stabile al momento dell'erogazione.

2. Esempi Popolari: Schiume a base di frutta, brodi leggeri o salse sono popolari in molti ristoranti gourmet.

3. Vantaggi: Le schiume consentono di presentare sapori familiari in una forma nuova e sorprendente. Inoltre, aggiungono un'elemento visivo attraente ai piatti.

L'Importanza nella Cucina Gourmet:

1. Reinventare il Familiare: Le emulsioni e le schiume offrono ai cuochi l'opportunità di trasformare ingredienti e sapori familiari in qualcosa di completamente nuovo.

2. Gioco di Texture: L'aggiunta di cremosità o leggerezza attraverso emulsioni e schiume può bilanciare altri componenti in un piatto, offrendo un'esperienza culinaria multistrato.

3. Estetica e Presentazione: Dal punto di vista visivo, le schiume e le emulsioni aggiungono un tocco di eleganza e raffinatezza ai piatti, rendendo ogni portata un'opera d'arte.

4
Ricette: Secondi piatti

Brasato al Barolo

Porzioni: 4-6
Calorie per porzione: circa 500

Ingredienti:

- Fesa di manzo (1kg)
- Barolo (1 bottiglia)
- Carote (2)
- Cipolle (2)
- Sedano (1 gambo)
- Aglio (2 spicchi)
- Rosmarino (1 rametto)
- Olio d'oliva (3 cucchiai)
- Sale e pepe q.b.

Preparazione:

1. Marinate il manzo nel Barolo con le verdure tagliate grossolanamente e l'aglio per almeno 6 ore.

2. Togliete la carne dalla marinata e asciugatela bene. Riservate la marinata.

3. In una pentola grande, riscaldate l'olio e rosolate la carne da tutti i lati.

4. Aggiungete la marinata e portate a ebollizione.

5. Riducete il fuoco, coprite e cuocete per 3-4 ore, o finché la carne è tenera.

6. Salate, pepate e servite caldo.

Tagliata di Manzo

Porzioni: 4
Calorie per porzione: circa 350

Ingredienti:

- Filetto di manzo (800g)
- Rucola (200g)
- Grana Padano (50g)
- Olio d'oliva (4 cucchiai)
- Sale e pepe q.b.

Preparazione:

1. Preriscaldate una griglia o una padella.
2. Strofinate il filetto di manzo con olio, sale e pepe.
3. Cuocete per 2-3 minuti per lato, a seconda dello spessore e delle vostre preferenze.
4. Lasciate riposare la carne per qualche minuto, poi tagliatela a fette sottili.
5. Disponete su un letto di rucola, cospargete con scaglie di Grana Padano e un filo d'olio.
6. Servite immediatamente.

Polpette al Sugo

Porzioni: 4
Calorie per porzione: circa 400

Ingredienti:

- Carne di manzo macinata (500g)
- Pane raffermo (100g)
- Latte (50ml)
- Uova (1)
- Parmigiano Reggiano (50g)
- Passata di pomodoro (400g)
- Cipolla (1)
- Aglio (1 spicchio)
- Basilico (qualche foglia)
- Olio d'oliva (4 cucchiai)
- Sale e pepe q.b.

Preparazione:

1. Ammollate il pane nel latte.

2. In una ciotola, mescolate la carne, il pane strizzato, l'uovo e il Parmigiano. Formate delle polpette.

3. In una padella, soffriggete la cipolla e l'aglio nell'olio.

4. Aggiungete la passata e il basilico, e cuocete per 10 minuti.

5. Immergete le polpette nel sugo e cuocete per circa 30 minuti.

6. Servite caldo con un po' di Parmigiano a piacere.

Fagiano alla Cacciatora

Porzioni: 4
Calorie per porzione: circa 450

Ingredienti:

- Fagiano (1 intero, pulito e diviso in pezzi)
- Cipolla (1)
- Carota (1)
- Sedano (1 gambo)
- Aglio (2 spicchi)
- Vino rosso (1 bicchiere)
- Pomodori pelati (1 lattina)
- Olio d'oliva (3 cucchiai)
- Rosmarino, salvia, alloro (1 mazzetto)
- Sale e pepe q.b.

Preparazione:

1. In una casseruola, soffriggi la cipolla, la carota e il sedano nell'olio d'oliva.

2. Aggiungi i pezzi di fagiano e fai dorare su tutti i lati.

3. Sfuma con il vino rosso e lascia evaporare.

4. Aggiungi i pomodori, le erbe aromatiche, l'aglio, il sale e il pepe.

5. Copri e cuoci a fuoco lento per circa 2 ore, o fino a quando il fagiano è tenero.

Lepre in Salmì

Porzioni: 4-6
Calorie per porzione: circa 500

Ingredienti:

- Lepre (1 intera, pulita e divisa in pezzi)
- Cipolla (1)
- Carota (1)
- Sedano (1 gambo)
- Vino rosso (1 bottiglia)
- Aceto di vino rosso (100ml)
- Juniper berries (5-6)
- Chiodi di garofano (2)
- Olio d'oliva (3 cucchiai)
- Sale e pepe q.b.

Preparazione:

1. Marinare i pezzi di lepre nel vino rosso, aceto, cipolla, carota, sedano, bacche di ginepro e chiodi di garofano per almeno 12 ore.

2. Rimuovere la lepre dalla marinata e asciugarla bene.

3. In una casseruola, scaldare l'olio e rosolare i pezzi di lepre.

4. Filtrare la marinata e aggiungerla alla carne.

5. Cuocere coperto per 2-3 ore, o fino a quando la carne è tenera.

6. Regolare di sale e pepe, e servire.

Anatra al Forno con Prugne

Porzioni: 4
Calorie per porzione: circa 600

Ingredienti:

- Anatra (1 intera, circa 2kg)
- Prugne secche (200g)
- Vino bianco (1 bicchiere)
- Olio d'oliva (2 cucchiai)
- Rosmarino (2 rametti)
- Aglio (2 spicchi)
- Sale e pepe q.b.

Preparazione:

1. Preriscaldare il forno a 200°C.
2. Strofinare l'anatra con olio, aglio, sale e pepe.
3. Mettere un rametto di rosmarino e alcune prugne all'interno dell'anatra.
4. Posizionare l'anatra in una teglia da forno e versare il vino bianco nella teglia.

5. Infornare per 1,5-2 ore, o fino a quando l'anatra è cotta e la pelle è croccante.

6. Durante la cottura, aggiungere le prugne rimanenti nella teglia.

7. Servire l'anatra calda con le prugne.

Pollo alla Cacciatora

Porzioni: 4
Calorie per porzione: circa 400

Ingredienti:

- Cosce di pollo (4)
- Pomodori pelati (1 lattina da 400g)
- Cipolla (1)
- Aglio (2 spicchi)
- Vino bianco (1 bicchiere)
- Peperoncino (1, facoltativo)
- Olio d'oliva (3 cucchiai)
- Sale e pepe q.b.
- Basilico e/o rosmarino per guarnire

Preparazione:

1. In una padella grande, soffriggi la cipolla e l'aglio tritati nell'olio d'oliva.

2. Aggiungi le cosce di pollo e cuoci fino a quando non sono più rosa.

3. Versa il vino bianco e lascia evaporare.

4. Aggiungi i pomodori pelati e il peperoncino (se lo usi).

5. Copri e cuoci a fuoco medio-basso per circa 30-40 minuti.

6. Controlla la cottura, aggiusta di sale e pepe e guarnisci con basilico o rosmarino fresco prima di servire.

Pollo al Curry

Porzioni: 4
Calorie per porzione: circa 450

Ingredienti:

- Petto di pollo (500g, tagliato a bocconcini)
- Latte di cocco (1 lattina da 400ml)
- Curry in polvere (2 cucchiai)
- Cipolla (1)
- Aglio (1 spicchio)
- Olio d'oliva (2 cucchiai)
- Sale e pepe q.b.

Preparazione:

1. In una padella, soffriggi la cipolla e l'aglio nell'olio d'oliva.
2. Aggiungi il pollo e fai dorare per qualche minuto.
3. Aggiungi il curry in polvere e mescola bene.
4. Versa il latte di cocco e porta a ebollizione.

5. Riduci la fiamma, copri e lascia cuocere per circa 20 minuti.

6. Aggiusta di sale e pepe prima di servire.

Pollo al Limone e Rosmarino

Porzioni: 4
Calorie per porzione: circa 350

Ingredienti:

- Petto di pollo (4 pezzi)
- Limoni (2)
- Rosmarino (2 rametti)
- Aglio (2 spicchi)
- Olio d'oliva (3 cucchiai)
- Sale e pepe q.b.

Preparazione:

1. Preriscalda il forno a 200°C.
2. In una teglia, posiziona i petti di pollo.
3. Spremi il succo di un limone sui petti di pollo e posiziona le fette dell'altro limone sopra e sotto la carne.
4. Aggiungi l'aglio tritato, i rametti di rosmarino e un filo d'olio d'oliva.

5. Inforna per circa 25-30 minuti, o fino a quando il pollo è cotto.

6. Aggiusta di sale e pepe prima di servire.

Piccione Arrosto con Salsa al Vino Rosso

Porzioni: 2
Calorie per porzione: circa 600

Ingredienti per il piccione:

- Piccioni giovani (2, puliti)

- Rosmarino (2 rametti)

- Aglio (4 spicchi)

- Olio d'oliva (4 cucchiai)

- Sale e pepe q.b.

Ingredienti per la salsa:

- Vino rosso (1 bicchiere)

- Brodo di carne (1 tazza)

- Cipolla (1, piccola)

- Aglio (1 spicchio)

- Burro (2 cucchiai)

- Sale e pepe q.b.

Preparazione:

Preparazione del Piccione:

1. Preriscalda il forno a 200°C.

   2. Strofina i piccioni con l'aglio, il rosmarino, il sale e il pepe.

   3. Lega le zampe dei piccioni con dello spago da cucina.

   4. Metti i piccioni in una teglia da forno e irrorali con olio d'oliva.

   5. Inforna per circa 25-30 minuti, girando di tanto in tanto per una cottura uniforme.

2. **Preparazione della Salsa:**

   1. In una padellina, fai soffriggere la cipolla e l'aglio tritati nel burro fino a quando diventano traslucidi.

   2. Aggiungi il vino rosso e fai ridurre a metà.

   3. Versa il brodo di carne e cuoci fino a quando la salsa si addensa leggermente.

   4. Filtra la salsa per rimuovere i pezzi di cipolla e aglio, poi rimetti nella padellina.

   5. Aggiusta di sale e pepe a tuo gusto.

3. **Finitura e Impiattamento:**

   1. Togli i piccioni dal forno e lasciali riposare per alcuni minuti.

   2. Taglia ciascun piccione a metà o servi intero, come preferisci.

3. Versa un po' di salsa al vino rosso sopra o accanto al piccione.

4. Guarnisci con un rametto di rosmarino o qualche foglia di prezzemolo, se lo desideri.

Branzino in Crosta di Sale

Porzioni: 2-4 (dipende dalle dimensioni del pesce)
Calorie per porzione: circa 250-300

Ingredienti:

- Branzino intero (1, circa 1-1.5 kg, eviscerato ma con le squame)
- Sale grosso (circa 2 kg)
- Albumi d'uovo (4)
- Erbe aromatiche (rosmarino, timo, salvia, ecc.)
- Limone (1)
- Olio d'oliva (per ungere)

Preparazione:

1. **Preparazione del Pesce:**
   1. Sciacqua bene il branzino sotto acqua corrente.
   2. Inserisci nel ventre del pesce le erbe aromatiche e alcune fette di limone.
2. **Preparazione della Crosta:**

1. In una ciotola grande, mescola il sale grosso con gli albumi d'uovo. La consistenza dovrebbe essere simile a quella della sabbia bagnata.

2. Aggiungi eventualmente delle erbe tritate o delle scorze di agrumi per più sapore, se desideri.

3. **Cottura:**

   1. Preriscalda il forno a 200°C.

   2. Stendi un foglio di carta forno su una teglia e ungi leggermente con olio d'oliva.

   3. Crea un letto di sale sul foglio di carta forno, abbastanza grande da ospitare il branzino.

   4. Adagia il pesce sul letto di sale e coprilo completamente con il resto del sale, modellando una sorta di "guscio" attorno al pesce.

   5. Inforna per circa 30-40 minuti, a seconda delle dimensioni del pesce. Una buona regola è 20 minuti di cottura per ogni chilo di pesce.

4. **Servire:**

   1. Una volta cotto, togli il pesce dal forno e lascialo riposare per qualche minuto.

2. Rompi delicatamente la crosta di sale e rimuovila.

3. Sfiletta il pesce e servi con un filo d'olio d'oliva e una spruzzata di limone.

Sogliola alla Mugnaia

Porzioni: 2
Calorie per porzione: circa 300

Ingredienti:

- Sogliole intere (2, pulite e prive di pelle)
- Burro (100g)
- Limone (1)
- Prezzemolo fresco (2 cucchiai, tritato)
- Farina (per infarinare)
- Sale e pepe q.b.
- Olio d'oliva (1 cucchiaio, opzionale)

Preparazione:

1. **Preparazione delle Sogliole:**
   1. Risciacqua le sogliole sotto l'acqua corrente e tamponale con carta da cucina.
   2. Infarina leggermente entrambi i lati delle sogliole.
2. **Cottura delle Sogliole:**

1. In una padella grande, fai sciogliere metà del burro a fuoco medio-alto. Se lo desideri, puoi aggiungere un cucchiaio di olio d'oliva per prevenire che il burro bruci.

2. Adagia le sogliole nella padella e cuoci per circa 3-4 minuti per lato, o fino a quando diventano dorate.

3. Una volta cotte, trasferisci le sogliole su un piatto e tienile al caldo.

3. **Preparazione della Salsa:**

   1. Nella stessa padella, aggiungi il burro rimanente e lascialo sciogliere.

   2. Spremi il succo di un limone nella padella.

   3. Aggiungi il prezzemolo tritato e mescola bene.

   4. Aggiusta di sale e pepe a tuo gusto.

4. **Servire:**

   1. Versa la salsa al burro e limone sopra le sogliole.

   2. Guarnisci con una fetta di limone e un po' di prezzemolo fresco, se lo desideri.

Polpo alla Griglia con Salsa Verde

Porzioni: 4
Calorie per porzione: circa 250

Ingredienti:

- Polpo (1, circa 1-1.5 kg, pulito)
- Aglio (2 spicchi)
- Olio d'oliva (4 cucchiai)
- Sale e pepe q.b.

Per la Salsa Verde:

- Prezzemolo fresco (1 mazzetto)
- Aglio (1 spicchio)
- Capperi (2 cucchiai)
- Olio d'oliva (1/2 tazza)
- Limone (succo di 1)
- Sale e pepe q.b.

Preparazione:

1. **Cottura del Polpo:**

1. Lessa il polpo in acqua bollente con un paio di spicchi d'aglio per circa 40-45 minuti o fino a quando è tenero.

2. Scolalo e lascialo raffreddare.

3. Taglia il polpo a pezzi, condisci con olio d'oliva, sale e pepe.

4. Griglia il polpo su una griglia ben calda per 2-3 minuti per lato.

2. **Preparazione della Salsa Verde:**

   1. Metti il prezzemolo, l'aglio e i capperi in un mixer.

   2. Aggiungi l'olio d'oliva e il succo di limone.

   3. Frulla fino a ottenere una salsa omogenea.

   4. Regola di sale e pepe.

3. **Servire:**

   1. Adagia il polpo grigliato su un piatto.

   2. Versa un po' di salsa verde sopra o a lato.

   3. Servi immediatamente.

Insalata di Polpo e Patate

Porzioni: 4
Calorie per porzione: circa 300

Ingredienti:

- Polpo (1, circa 1-1.5 kg, pulito)
- Patate (4, medie)
- Prezzemolo fresco (1 mazzetto, tritato)
- Olio d'oliva (4 cucchiai)
- Limone (succo di 1)
- Sale e pepe q.b.

Preparazione:

1. **Cottura del Polpo:**
   1. Lessa il polpo in acqua bollente per circa 40-45 minuti o fino a quando è tenero.
   2. Scolalo e lascialo raffreddare.
2. **Cottura delle Patate:**
   1. Lessa le patate in acqua salata fino a quando sono tenere ma non sfatte.

2. Scolale e lasciale raffreddare.

3. Pelale e tagliale a cubetti.

3. **Assemblaggio dell'Insalata:**

   1. Taglia il polpo a pezzi.

   2. In una ciotola grande, unisci il polpo, le patate, il prezzemolo.

   3. Condisci con olio d'oliva, succo di limone, sale e pepe.

   4. Mescola bene e lascia riposare per almeno 30 minuti prima di servire.

Spiedini di Frutti di Mare

Porzioni: 4
Calorie per porzione: circa 250

Ingredienti:

- Gamberi (12, sgusciati e puliti)
- Calamari (4, tagliati ad anelli)
- Capesante (8)
- Peperoni (2, tagliati a pezzi)
- Limone (1, tagliato a spicchi)
- Olio d'oliva extra vergine (4 cucchiai)
- Aglio in polvere (1 cucchiaino)
- Prezzemolo tritato (2 cucchiai)
- Sale e pepe q.b.

Preparazione:

1. **Marinatura:**
   1. In una ciotola, mescola l'olio d'oliva, l'aglio in polvere, il prezzemolo, il sale e il pepe.
   2. Aggiungi i frutti di mare e mescola bene. Copri e lascia marinare per almeno 30 minuti.
2. **Assemblaggio degli Spiedini:**

1. Infilza i frutti di mare e i pezzi di peperone sugli spiedini, alternandoli. Aggiungi uno spicchio di limone su ciascuno spiedino.

3. **Cottura:**

   1. Preriscalda la griglia a fuoco medio-alto.

   2. Griglia gli spiedini per circa 2-3 minuti per lato o fino a quando i frutti di mare diventano opachi e i peperoni sono leggermente carbonizzati.

Frittura di Paranza

Porzioni: 4
Calorie per porzione: circa 400

Ingredienti:

- Frutti di mare misti (pesce piccolo, calamari, gamberi, ecc., circa 800g)

- Farina (per impanare)

- Olio per friggere

- Sale e pepe q.b.

- Limone (per servire)

Preparazione:

1. **Preparazione dei Frutti di Mare:**

   1. Pulisci tutti i frutti di mare come necessario.

   2. Passa i frutti di mare nella farina, facendo in modo che siano ben coperti.

2. **Frittura:**

   1. In una padella profonda, riscalda abbondante olio a 180°C.

2. Friggi i frutti di mare a piccole porzioni per evitare di abbassare la temperatura dell'olio.

3. Cuoci fino a doratura, quindi scola su carta assorbente.

3. **Servire:**

1. Cospargi di sale e pepe a piacere e servi immediatamente con spicchi di limone.

Coniglio alla Cacciatora

Porzioni: 4-6
Calorie per porzione: circa 350-400

Ingredienti:

- Coniglio (1, circa 1,5 kg, tagliato a pezzi)
- Cipolla (1, tritata)
- Aglio (2 spicchi, tritati)
- Pomodori pelati (1 lattina da 400g)
- Vino rosso (1 bicchiere)
- Rosmarino (1 rametto)
- Alloro (1 foglia)
- Olio d'oliva extra vergine (4 cucchiai)
- Sale e pepe q.b.

Preparazione:

1. **Marinatura:**
   1. In una ciotola grande, metti i pezzi di coniglio e coprili con il vino rosso.

2. Aggiungi un rametto di rosmarino e una foglia di alloro. Copri e lascia marinare per almeno 2 ore o, meglio ancora, per tutta la notte.

2. **Preparazione del Soffritto:**

   1. In una pentola capiente, scalda l'olio d'oliva.

   2. Aggiungi la cipolla e l'aglio tritati e fai soffriggere fino a quando la cipolla diventa trasparente.

3. **Cottura del Coniglio:**

   1. Scola i pezzi di coniglio dalla marinata, conservando il vino.

   2. Aggiungi i pezzi di coniglio al soffritto e cuoci fino a quando sono dorati su tutti i lati.

   3. Versa il vino rosso della marinata nella pentola e lascia evaporare l'alcool per alcuni minuti.

4. **Aggiunta dei Pomodori e delle Erbe:**

   1. Aggiungi i pomodori pelati, schiacciandoli leggermente con una forchetta.

   2. Metti un altro rametto di rosmarino e una foglia di alloro.

3. Copri e lascia cuocere a fuoco lento per circa 1-1,5 ore, o fino a quando la carne è tenera.

4. Regola di sale e pepe a tuo piacere.

5. **Servire:**

   1. Togli il rosmarino e l'alloro.

   2. Servi il coniglio ben caldo, magari accompagnato da un contorno di patate al forno o da una polenta cremosa.

Milton Keynes UK
Ingram Content Group UK Ltd.
UKHW020056270724
446062UK00004B/82

9 798210 756978